DX
リスクマネジメント

〉Digital Transformation Risk Management〈

DX成功のマインドと戦略的アプローチ

アクセンチュア
大茂幸子

東洋経済新報社

はじめに

DXにはリスクがある

DX（Digital Transformation：デジタルトランスフォーメーション）は広く議論されている話題でありながら、多くの企業ではまだ本格的な取り組み段階を迎えていません。この数年の間に、DXに関するさまざまな調査や研究結果が提示されましたが、いずれにおいても深い洞察とともに、日本企業のDXの遅れに対する指摘や、まだ本格的なDXの段階に至っていない状況などが示されてきました。

背景にはDXの取り組みが何を示すのかわかりにくいことや、人によりDXの解釈が異なることも考えられます。デジタルの用語は英語由来のカタカナで溢れており、次々に新しい概念や技術が登場するため、専門家でなければ誰しも興味を失いがちです。また、未体験の事象を語ることは容易ではなく、DXの検討がつい現実の延長線上にある業務のデジタル化に終始してしまうのかもしれません。そうして企業のDXは担当者に一任され、残念なことに部門のサイロに留まる傾向にあります。

この状況から垣間見えるのは、百年に一度とも言われる技術革新がもたらすチャンスに乗り遅れてしまう事態です。壮大なビジネス機会を逸してしまうだけでなく、リスクを避ける・見送るといった受動的な選択が、いつしか最大の経営リスクとなって、未来に計り知れないダメージを顕在化させることになるかもしれません。

その一方で、いざ企業がDXに着手してみると、今度はDXを上手く推進できないというリスクに遭遇します。優れたCDO（Chief Digital Officer）を社外から招聘してデジタル部門を設置する動きがありますが、自社に必要なデジタル人材を確保・育成・保持する仕組みがなければ、実際のビジネス変革になかなか発展しないという状況があります。

あるいは、企業がDXで獲得する価値を明確にしないうちに、老朽化したシステムライセンスが切れるタイミングが到来して、本命のDX機能は未定義のままレガシーシステムの刷新が先行していき、それ自体がDXの目的と化してしまう現象も起こり得ます。現状の組織・プロセスの延長線上でシステムが構築されると、DXによる自社の優位性が具現化できず、再度のレガシー化というリスクを招いてしまいます。

最近は、DX投資の中断や、システム障害による停滞、セキュリティ事故に伴うサービス廃止など、企業のDX推進に関する報道が目立つようになりました。組織の規模にもよりますが、数年を要するDXには、貴重な経営資源が毎年投入されていくため、上場企業であれば年あたりの投資が数十億～数百億円を超えることは珍しくありません。DXによる果実を得る前に、計画が思うようにはかどらず、DXが中断もしくは失敗するというリスクも想定されます。

また、経営陣にはDXの進捗や成果が及ぼすリスクに対処する役割・責任がありますが、コーポレートガバナンスの観点において執行を担う関係者だけでなく、経営の監督を担うべき取締役そして取締役会が果たすべき役割についても重要視されるようになっています。コーポレートガバナンス・コードの「基本原則4：取締役会等の責務、原則4―11 補充原則③」では、取締役会・監査役会の実効性確保のための前提条件として、実効性に関する分析・評価を行い、結果の概要を開示することが求められていますが、経済産業省の「DX推進における取締役会の実効性評価項目」により、“DXの知見を有する取締役の選任”や、“経営トップのDX取り組みに対する監督”、“DX実現のための環境・体制整備に対する監督”などの評価項目が提示されています[1]。

（詳細は「第4章　DXリスクマネジメント――価値創造を確実にする」「原則1：取締役会によるリスク監視」を参照）

DX着手前にはDXを実行しないことによる「機会損失リスク」、そしてDX着手後にはDX実行上の「失敗・中断リスク」が考えられます。このようなDXリスクは、組織の「戦略」「組織」「事業」「技術」「人材」にわたる各領域に複合的・多層的に潜在しています。リスクの種類も、組織のガバナンス上のリスクから、戦略上のリスク、DXによる財務・非財務の価値創出に関する財務および報告上のリスク、プライバシー（個人情報）保護やGDPR（General Data Protection Regulation：一般データ保護規則）などの法規制に関するコンプライアンスリスク、セキュリティやシステムダウンによるオペレーション上のリスクまで、DXに関わる多様なリスクは広く組織に影響します（**図表**）。

DXリスクを、企業全体で特定・監視・対応していくためには、リスクに関する情報を、適切なタイミングで、適切な人の手に渡していく、横断的なDXリスクマネジメントの仕組みが必要です。これらのリスクが互いに影響して、どれほどのインパクトを企業に与えるのかを、統合的に捉えて対処していくことがDXの成功には欠かせません。

DXリスクマネジメントは、災害やセキュリティ、コンプライアンスなどの損失を回避・軽減する単なるコストドライバーではなく、戦略目標の達成に貢献するバリュードライバーとなります。

事業とはリスクそのものであり、不確実性の中にも機会を最大化し、脅威の最小化に努めるプロアクティブな（先を見越した）リスクマネジメントがDX推進には必要です。DXリスクマネジメントは、全社的リスクマネジメント（ERM：Enterprise Risk Management）を組織のDX推進活動に適用することで、企業が直面するDXリスクを特定し、ネガティブな影響（脅威）を最小限に抑え、ポジティブな影響（機会）を見出し、リターンの最大化に努

1　－コーポレートガバナンス・コード（2021年6月11日）、株式会社東京証券取引所
https://www.jpx.co.jp/equities/listing/cg/tvdivq0000008jdy-att/nlsgeu000005lnul.pdf
－「DX推進における取締役会の実効性評価項目」について、経済産業省
https://www.meti.go.jp/press/2019/07/20190731003/20190731003-4.pdf

図表　DXリスク（イメージ）

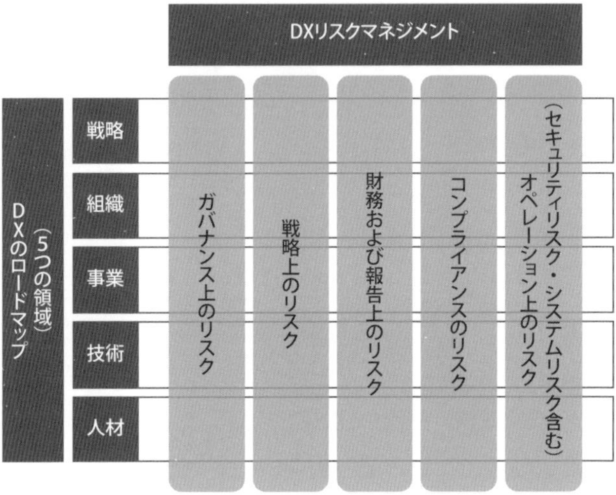

出所：アクセンチュア

めることで、DXによる価値創造に貢献します。

本書の構成

企業がDXというダイナミックな変革を実現する過程には、さまざまな阻害要因が生じます。このDXの不確実性を乗り越えて成功を収めるために、リスクマネジメントの仕組みは重要な役割を果たします。

ただし組織がDXの本質を理解していなければ、リスクマネジメントの仕組みを入れたとしても上手く機能せず、DXの達成も困難となります。DXの本質を理解するには「デジタルテクノロジー」に関する情報に加えて、企業を取り巻く「ビジネス環境へのインパクト（影響）」も同時に押さえることが不可欠です。

そのため本書では「序章」「第1章」「第2章」「第3章」にわたり、テクノロジーの変化がもたらすビジネスへの影響について多面的な情報を提供しています。具体的には「DXと未来展望」「新経済パラダイムとDX」「DXの成功パターン」「テクノロジー前提の成長戦略」「DX実現のロードマップ」などを題材にDXの姿を捉えた上で、「第4章　DXリスクマネジメント」へ進む構成となっています。

「序章　DX成功のマインドセット――リスクベースで捉える」

DXの旅を始めるにあたり、まずもって重要なのは組織全体のマインドの形成です。人は無意識にマインドセットを通して、現実を理解し、判断し、そして行動しています。経営トップのリーダーシップのもと、DXを達成するマインドセットを形成することは、全員が同じ方向へ向かって行動するための出発点です。DXにより新たな成長を達成し競争力を強化するには、取るべきリスクを取り、取ってはならないリスクを避け、ビジネスパフォーマンスの最大化に努めていくリスクベースのマインドセットが重要です。DX推進を通して、予期し得ないリスクに遭遇する場合でも、各現場で一人ひとりが自律的に考え行動できるようになる必要があるためです。

「第1章　新経済パラダイムとDX――チャンスとリスクに気づく」

企業がDXを行うべき理由は、テクノロジーを活用して新たな価値を生み、持続的に成長・発展していくことにありますが、自社の目指すべき「企業価値とは何か」を正しく捉えるには、現代経済の枠組みに意識を向ける必要があります。世界のリーダー企業は、デジタルイノベーションを促進し、市場の成長率を凌ぐ勢いで成長を実現していますが、オーガニックグロース（有機的成長：自社だけで成長を目指す）に頼るのではなく、デジタルを軸とした買収や業務提携（ビジネスエコシステムの構築）、そしてリスキル（Re-skill：新しい能力や技術の習得）を重視して、事業機会と人材に大規模な先行投資を継続しています。つまりデジタルを活用した領域へ迅速に「ピボット（方向転換・路線変更）」を切り、キャッシュフローをいち早く生み出し、株主へより多くを還元しているのです。

新しいテクノロジーとノウハウが私たちの生活や交流のあり方を変え、経済構造を変化させているように、現代経済は無形資産（Intangibles：インタンジブルズ）への投資で高い成長を実現する企業が、乗り遅れた企業との間に格差を広げています。そこには、ゼロに近い限界費用（追加費用）で価値を創出し、スケールを拡大するデジタルの特性が現れています。

「株主資本主義」から「ステークホルダー資本主義」への変遷も価値創造のメカニズムに変化をもたらしており、企業には「財務的」な成功に加えて、「非財務的」な価値をステークホルダーに届けることが求められています。

このような新しい経済パラダイムの中で企業がアドバンテージを取る（優位な立場に立つ）には、DXのチャンスとリスクに機敏に対応していく必要があります。

「第2章　DXの戦略的条件——成功パターンを認識する」

成功事例を知ることはDXのリスクシナリオを想定する上で役立ちます。不確実性の中にも上手く機会を見出すことで、過去2年間のパンデミックによる困難な環境下で、目覚ましく成長を遂げた「DX先進企業」が存在します。調査結果から、景気後退局面の流れを逆手に取って5倍のスピードで成長したDX先進企業には3つの成功条件があることがわかりました。それは「大規模なクラウド移行」「イノベーション重視」「ステークホルダーに向けた広範な価値提供」であり、これによりレジリエンス（復旧力）が確保され、急速に変わる環境の中でも新しい経済メカニズムに合わせて価値を生み出すことで「出遅れた企業」との差を広げました。今後のさらなる環境変化でも、この成功条件は引き続き有効な示唆を与えると考えられます。

「第3章　DXのロードマップ——実現アプローチを理解する」

DXの道筋を知っておくことはDXリスクを想定する上で欠かせません。実際のロードマップは企業ごとに異なりますが、イノベーションをもとに持続的な経営の達成を目指す方向は共通しています。DXは絶え間なく変化するデジタルの世界に合わせて、組織の能力やスキルを、段階的かつ継続的に進化させていく中長期的な取り組みです。そのためDXのジャーニー（旅程）では「戦略」「組織」「事業」「技術」「人材」の5つの領域にわたる変革を統合的に推進することになります。このような複雑な工程を遠回りすることなく加速させるために、企業は各領域の変革を管理可能な要素に分解する必要があります。本書ではDXのロードマップの一例を、5つの領域と20の単位にブレークダウンして説明しています。

「第4章　DXリスクマネジメント——価値創造を確実にする」

複雑なDXを成功に導くには、経営トップのリーダーシップのもとに、DXリスクマネジメントを推進する必要があります。全社的リスクマネジメント（ERM：Enterprise Risk Management）の考え方を適用して、DXによるポジティブな影響（機会：チャンス、アップサイドリスク）とネガティブな影響（脅威：スレット、ダウンサイドリスク）を、トップダウンで統合的に判断することで、DXによる価値の創造を促します。DXリスクマネジメントを通して、DXがもたらす機会と脅威を特定し、貴重な経営資源を再配分・再構築することで、リターンの最大化を目指します。このDXリスクマネジメントの枠組みとアプローチを、COSO ERMのフレームワークを参考に、5つの要素と20の原則に基づいて解説しています。

「おわりに」

シンギュラリティ（技術的特異点）の到来と社会に与えるプラスとマイナスの影響をめぐり、不確実性の高まる世界において、今後さらに重要性が増すリスクマネジメントについて考察したいと思います。

「付録A：DXのロードマップ／付録B：DXの役割・責任」

「付録A：DXのロードマップ」には、「第3章　DXのロードマップ——実現アプローチを理解する」の参考情報として、DXのロードマップの5つの領域と20の単位について巻末に収録しています。

「付録B：DXの役割・責任」には、「第4章　DXリスクマネジメント——価値創造を確実にする」の参考情報として、DXリスクマネジメント体制を構成するトップマネジメントの役割・責任について巻末に収録しています。

以上より、本書はDXに取り組む企業に向けて、DX推進のヒントとなる情報を多岐にわたり収めています。読者の皆様は、興味のある箇所から読み進めていただければと思います。

これからの10年は、前例のない大きなチャンスとチャレンジが待ち受けています。旧来の価値と新しい価値は、“生産性と持続性”、“実力主義と公平性”、“収益性とパーパス”、“論理性と人間中心性”、“競争力と深い協調性”など、多様な価値観を兼ね備えた未来を構築していくために、経営トップをはじめとしてさまざまな分野のリーダーには大胆な行動が求められています。

リスクを取らなければリターンもありません。このリスクとリターンの考え方は需要と供給の法則のように単純明快なものです。何をやるにもリスクはありますが、何もしないことが最大のリスクとなります。新しい事業はすべて未知の世界であり、未知数ということは、リスクがあるということです。ただし、丸腰で臨んではいけません。経営トップは、危険な賭けや投機ではなく、リスクマネジメント機能を発揮させることで、健全なリスクテイクを遂行していく必要があります。

DXを通して新たな企業価値の創出が期待されています。本書がDX成功のお役に立てれば幸いです。

2022年10月

アクセンチュア
テクノロジー コンサルティング本部
マネジング・ディレクター
大茂 幸子

目次

第2章 DXの戦略的条件
――成功パターンを認識する

第4章　DXリスクマネジメント
──価値創造を確実にする

序章

DX成功のマインドセット

——リスクベースで捉える

DX Risk Management

DXと未来展望

今から約10年前、調査レポート「Accenture Technology Vision」の2013年版で、アクセンチュアは「すべてのビジネスがデジタルビジネス」であることを世界に先駆けて発信しました[1]。そして2022年の現在、確実に言えるのは、技術革新の指数関数的（エクスポネンシャル）なスピードは今後も加速していくということです。デジタルが世界中の人にポジティブな変化と進歩をもたらすという、歴史上、類を見ない時代に私たちは生きています。次の10年間においても、リーダーとなる企業にとって、DX（Digital Transformation：デジタルトランスフォーメーション）が重要であることに変わりはありません。

DXによって成功するために、企業が優先すべきテーマは大きく3つあります。

1つめは、企業全体における業務のデジタル変革です。「すべてのビジネスがデジタルビジネス」というパラダイムシフトの中で、自社の競争優位を確立していくには、データやAI（人工知能）を含むテクノロジーを中心に、企業の戦略・組織・事業を再構成する必要があります。ビジネスを成長させる顧客との関わり方や新しい働き方、そして新しいビジネスチャンスの獲得方法など、事業のすべてのパーツにわたって、デジタル時代の仕様へと変えるべき時期が到来しています。このデジタル技術革新がもたらしている影響は、かつての産業革命以来、ビジネスにおける最も重大な変化と言えます。

進行中のデジタルによる技術革命は、現在はまだ初期フェーズであり、これからさらに世の中の再編成が加速していきます。そのような時代にデジタルテクノロジーは実現可能な分野から、劇的な進化やディスラプション[2]を

1　Accenture Technology Vision 2013：Every Business is a Digital Business
「世界のテクノロジートレンドに関する年次報告書」

2　ディスラプション（Disruption：破壊・崩壊）：正しくは「デジタル・ディスラプション」。既存の産業が新しいテクノロジーによって破壊されていくことや、デジタルテクノロジーによる破壊的イノベーションを指す。

絶え間なく起こしていきます。次の動きは5Gやエッジコンピューティング[3]などのテクノロジーが促進するデータ駆動型のオペレーション変革と言われますが、企業が全社のデータを蓄積し、分析を重ね、高度化することで、激変する環境においても最良の意思決定が可能となる時代が現実化しつつあります。

2つめは、人材です。デジタル時代にリーダーとなる企業は、人材を消費するのではなく、人材をタレント（Talent：才能や素質）と捉えて、その能力を創造する役割を担います。最高の人材を惹きつけて、育成し、維持していく組織となるためには、まず自社のDXの姿を描き、必要となるスキルと役割を理解していくことから始めなければなりません。世界規模でデジタルテクノロジーが仕事を変革している動きを背景に、かつてないほど急速に企業が必要とするスキルが変化しています。

求められるスキルの変化に伴い、社員には新しいスキルを学ぶ必要性に加えて、新しく現れる仕事に継続的に適応する方法を学んでいく必要が生じています。これまで多くの場合、ビジネスサイドの人材とテクノロジーサイドの人材に分かれて業務が遂行されてきましたが、今後はデジタルを中心にビジネスを捉えていくために、ビジネスとデジタルの双方を理解する必要があります。職責が上位になるほど、特に、既存ビジネスをデジタルで変革する判断・決定を行う場面で、ビジネスとデジタルの両方の知見が必要となっていきます。また、内部の人材の確保に加えて、他社とパートナーを組む方法により外部の多様な人材を対象に広げ、戦略的に人材を確保する必要も生じています。

なお、人材の才能や素質など、社員一人ひとりの潜在能力を引き出すには、ふさわしいオペレーティング・モデルの構築に加えて、ふさわしい企業文化も必要となります。テクノロジーと人間が力を組み合わせて、互いに補完し

3　エッジコンピューティング：IoT端末などセンサーや測定器が採取したデータをエッジ（データの収集、活用における端の部分）に配置したコンピューターで解析などをする技術。エッジ側でデータのクレンジングや処理・分析を行うためリアルタイム性が高く、ネットワークの負担を軽減し通信の遅延も起こりにくい。

合う業務プロセスの実現、そして何よりも貴社で働く人々がより良い収入を得て、より良い生活を送ることを助ける文化の醸成に、リーダーとなる企業は責任をもって臨む必要があります。

3つめは、すべての事業が持続可能（サステナブル）なビジネスでなければならないことです。DXを通して再編が進むにつれて、旧来からの業界固有の慣習や高い参入障壁に守られてきた市場が、今後消えていく傾向にあります。

持続可能な社会を作り・維持することが、自社の事業の持続可能性にも大きく影響するという考え方が浸透し始めており、消費者や、従業員、ビジネスパートナー、規制当局、投資家が、企業に対して行動を求める方向に進んでいます。世界各国の政府が、エネルギー問題や、食糧の確保、安全保障などの社会的課題を最優先事項として掲げる中、この動きは今後も加速していくと考えられます。

遅滞する日本企業のDX

DXとは、デジタルを活用したビジネスモデルへの転換ですが、その道のりは企業ごとに異なります。DXの推進は、すべての業務にわたる徹底的な合理化から、顧客サービス体験の再定義、そして新たなデジタルビジネスの創出まで、その順序や、速度、取り組みのレベルは、各企業の成熟度や重視すべき変革の領域に応じてさまざまです。また企業は、従来型の製品・サービスを危機に晒すことなく、DXを同時並行で推し進める必要があります。そして最終的には、従業員、顧客、株主、社会へ新しい価値をもたらすことが期待されています。

DX推進にあたり、企業にはこれまでの枠組みを超えて、より俯瞰的で大きな視点から経営を捉えることが必要となります。現代は、関与するヒト・モノ・コトがデジタルを介した時空間へと拡大・多様化しており、これまでの勝ちパターンが通用しなくなっています。目まぐるしい速さで指数関数的に変容する今日のビジネス環境では、年月をかけ徐々に進化する漸進的な改善だけでは勝てなくなっており、企業の持続的成長を達成するには、新たな価値創造モデルへ変革せざるを得ない時期に来ています。DXは、既存の組織や業界の制約条件にとらわれず、ゼロベースの白紙の状態から、ビジネスの全体構造を再構築するチャンスであり、企業にはメガトレンドを背景に自社のパーパス（存在意義）や強みを拠り所として、顧客中心主義の考え方を前提に、何をやるべきかを考え、素早く行動に移していく必要があります。

日本政府と財界は共にDX推進を民間企業へ向けて喚起してきました。また多数のIT企業やコンサルティング会社による提言や調査資料など、DXに関して数多くの文献がリリースされています。いずれにおいても、日本企業の従来のビジネスモデルからの脱却とデジタルを中心とした産業構造への新陳代謝や、構造変革の促進、組織の変革の必要性が説かれてきました。

しかしながら日本企業のDXは、まだ本格的な段階に進んでいません。2020年12月の経済産業省「DXレポート2：中間取りまとめ」[4]では、「日本企業の9割以上がDXに着手できていない」ことが報告されました。その約1年後のIPA（情報処理推進機構）による「DX白書2021」[5]では、DXに取り組んでいると回答した企業の割合が6割近くに伸びたものの、日本のDXが米国に大きく後れを取っている実態が確認されました。

具体的には、「特に、製造業で大きな遅れが出ている」「概念実証（PoC：Proof of Concept）といった戦略仮説・コンセプトの検証工程にあるなど、業界や全社を通したビジネス変革にはつながっていない」「DXに取り組む日本企業が増加する明るい材料もあるが、依然としてDXに無関心な企業や成果が出ていない企業は多い」「実態としてはDXの入り口で立ち往生している企業が大半」などの現状が浮き彫りになりました。

---

4 「DXレポート2：中間取りまとめ」、経済産業省
調査は2020年10月時点、500社のDX推進指標の自己診断結果に基づく。
5 「DX白書2021」、IPA
調査期間は2021年7月5日～8月6日、534社のDX推進指標の自己診断結果に基づく。

また、帝国データバンク社によるインターネット調査[6]では「DX推進に向けた取り組みを実施している企業は81.8%」「取り組んでいない企業は17.0%」という状況の中、上位を占めていたのは「オンライン会議設備の導入」(61.9%)や「ペーパーレス化」(60.6%)などのDXの初期段階にあたる取り組みでした。その一方で、本格的なDX取り組み段階となる「既存製品・サービスの高付加価値化」(11.7%)や「新規製品・サービスの創出」(10.8%)などのデジタルの技術活用を推進した企業は全体の1割にとどまっていました。

コロナ禍による外出自粛やテレワーク化などを背景に、DXに本腰を入れ始めた日本企業は増えましたが、日本経済の競争力を牽引するような価値創出の段階にまだ達していない状況です。

サイバー被害よりもDXの機会損失のほうが甚大

DX成功への足がかりとしてまず重要となるのは、既存システムをクラウドへ移行するステップです。レガシーシステムのモダナイゼーション(Modernization)[7]など、先進的なシステム環境の整備によって各種デジタルテクノロジーの最新機能が柔軟に使いこなせるようになると、飛躍的にビジネス全体の効率性・俊敏性が高まるためです。

一方、サイバーセキュリティやデータ漏洩などのリスクに対する懸念から、クラウド移行へ踏み出せない企業は少なくありません。業界特有の事情から、パブリッククラウドの活用が難しく、オンプレミス(自社運用)が求められる業種・業態も存在します。しかし、激しいビジネス環境の変化に柔軟かつスピーディーに適応するためのDXには、クラウド環境が不可欠となってい

6 「DX(デジタルトランスフォーメーション)推進に関する企業の動向アンケート」、帝国データバンク 調査期間は2021年12月2日～7日、有効回答企業数は1,614社(インターネット調査)。

7 モダナイゼーション(Modernization):近代化・現代化という意味で、IT分野では企業の情報システムで稼働しているソフトウェアやハードウェアなどの稼働中の資産を活かしながら最新の製品や設計へ置き換えることを指す。旧来のブラックボックス化しているレガシーシステムから、近年の新しいITアーキテクチャーやテクノロジーで作り変えることで、コスト削減や変化への適応力が向上。

ます。

サイバー攻撃による被害よりも、DX投資をしない機会損失のほうがはるかにインパクトが大きいことを示唆する試算もあります。調査によると、DXがもたらす経済規模が年間1,300兆円[8]であるのに対し、サイバーセキュリティの世界的な経済損失は年平均で135兆円[9]であることが予測されています。単純な比較はできませんが「DXがもたらす経済的メリットの規模」に対する「サイバーセキュリティ被害の規模」は10対1、つまり10%ほどの規模であることが推定されます。もちろんサイバー攻撃の被害は経済損失のみで測れるものではなく決して過小評価すべきではありませんが、セキュリティ侵害を恐れるあまり、DXによるプラスのビジネス機会を見逃せば、経営全般におけるマイナスのインパクトは、かえって甚大なものとなり得ることに留意すべきでしょう。

各種団体・機関から発表された数値をもとに試算した場合、サイバーセキュリティ事件・事故の件数・被害額ともに比較的規模の小さい日本では、サイバーセキュリティの損害額規模は、DXを実現せずに逃してしまう金額規模の1〜3%ほどになります[10]。セキュリティのリスクを恐れて、DXに取り組まないという判断があるとすれば、極端に言えば10倍の経営リスク、場合によっては100倍近い経営リスクとなりかねません。

8　WEF Digital Transformation Initiative, In collaboration with Accenture, Unlocking $100 Trillion for Business and Society from Digital Transformation Jan 2016/ May 2018
DXがもたらす経済規模／年は1,300兆円に相当。

9　Cost of Cyber Crime Study, 2019, Accenture
直接的なサイバー攻撃（77%）および間接的なサイバー攻撃（23%）によって世界的にリスクにさらされる価値（2019年から2023年までの累計）は今後5年間で5.2兆米ドル（約676兆円）。世界的な経済損失は、年平均で135兆円（1ドル＝130円で換算）。

10　・クレジットカード番号盗用被害額（2019年）222億9000万円（一般社団法人日本クレジット協会）
・インターネットバンキング不正送金被害額（2019年）20億3200万円（一般社団法人全国銀行協会）
・仮想通貨業者不正アクセス被害額（2018年）677億3820万円（警視庁調査書）
・ランサムウェアの被害想定額（2020年）約300億円（経済産業省：CrowdStrike ／ Sophos）
以上から、日本のサイバーセキュリティ年間被害想定額は約1,200億円
・DXレポート〜ITシステム「2025年の崖」の克服とDXの本格的な展開〜」（経済産業省）
“日本企業がDXを実現できない場合、2025年以降、年間で現在の3倍である最大12兆円／年の経済損失が生じる可能性（2025年の崖）がある。”
以上から、日本のサイバー被害対DX経済効果の割合は3対100（2025年まで）〜1対100（2025年以降）。

多くの企業において、成長を飛躍させるためのDXの検討に関しては、統合的視野のもとに経営判断がなされるべきです。特に、センシティブになりがちなセキュリティ懸念や、近視眼的なコスト削減に傾斜するような、いわばダウンサイドリスク（損失の可能性）に傾いた捉え方は、長期的な価値創出を目指す企業にはふさわしくありません。経営トップは、事業環境を俯瞰して、成長のチャンスを獲得するため、アップサイドのリスク（利益の可能性）を自社のリスク許容度の範囲内で追求すべきです。

現実にさまざまな業種・業界において、デジタル・ディスラプションは進行しています。ここ数年の間に、国内外で複数の歴史ある名門企業や大手企業が、経営破綻の不運に遭いました。

ビジネスを継続しつつ自社の将来性を確保していくために、速やかにDXに取り掛かり始めることが何より重要です。この意味でDXの原則は非常にシンプルであると言えます。

サイバーセキュリティ対応は、DXの前提

インターネットの普及に伴い、過去20〜30年前からセキュリティ事件・事故が激増していることは明らかですが、主な理由は、既存のソフトウェア・アプリケーションをはじめとしてデータ・ハードウェア・通信・設備・データセンターなどのIT資産が、今日のデジタル環境を想定して構築されたものではないことにあります。従来型の社内システム（オンプレミス）に欠けていたセキュリティ機能を、脅威が顕在化する都度、取り得る現実的な処置で積み重ねてきたのが、これまでのセキュリティ対策だったと言えます。

そして今、老朽化した基幹システムには、ビジネススピードの加速、コスト削減、セキュリティ強化などを満たすクラウドベースのシステムへと、刷新されるべきタイミングが来ています。経済産業省は「2025年の崖」という言葉で、老朽化した基幹系システムを放置した場合、2025年以降に“崖から転落するような事態”に陥ると予測し、その事態を回避するために基幹系シ

ステムの刷新を決断すべきであることを提唱しました。

企業競争力を高めるDX推進には、テクノロジー能力の向上は不可欠です。たしかに慣れ親しんできた既存システムに比べて、新しいクラウドの活用には事件・事故などのトラブルにつながる潜在的なリスクがありますが、その理由は従来型の社内システムとクラウドベースのシステムとではセキュリティ運用の内容が当然異なるものであるためです。つまり新たなデジタルテクノロジーの採用には、新たなスキルの習得が不可欠ということになります。頻発したクラウド環境の設定ミスなどのリスクは、そのリスク源を明らかにして、リスクシナリオを検討することにより、研修やチェックリストの活用、確認プロセスの見直しなどにより、適切なリスクコントロールが可能です。

パンデミックの数年間で、あらゆる領域へのクラウド・エッジデバイス・IoT・メタバース・量子コンピューティングなどのデジタル技術の適用が進み、バーチャルな世界への移行は指数関数的（エクスポネンシャル）に加速しています。

2022年2月に始まったロシアによるウクライナ軍事侵攻では、戦闘がサイバー空間での諜報活動やフェイクニュースによる情報操作などの工作に及んでいると言われており、日本においては東アジア情勢をめぐる安全保障に緊張感が増していますが、この地政学的緊張の拡大にDXが掛け合わされることで、サイバーセキュリティは一層クリティカルなリスクになっています。

企業のDXにおいても、リアルな世界に住む私たちとバーチャルをつなぐサイバーセキュリティのリスクは増幅しており、セキュリティ対策がビジネスの前提となることは言うまでもありません。社会的責任のある企業として、新たなテクノロジーの導入を計画する際には、これらの損失リスクへの対応に要する投資を、不可分の要素として、漏れなく計上することが肝要です。つまり、セキュリティについて「システムを作った後で考える」のではなく、「計画・設計段階から」デフォルトでセキュリティを組み入れなければなりません。そうすることで初めて、新たなテクノロジーとスキルは、価値の創出に必要な組織能力を、確実に高度化するパワーを発揮します。

DX成功のカギはトップマネジメントのリーダーシップ

DXは企業が持続的な成長・発展を遂げるため避けては通れないテーマですが、その成功の確率は2割程度[11]と言われます。ある調査によると、成功企業の最たる特徴はトップマネジメント（経営陣幹部）のリーダーシップにありました。成功企業は、DXの目標がトップダウンで明確に定義されていない場合、ほぼ失敗に終わるリスクを理解していました。そのためトップマネジメントが主導して、DXの価値を定義した上で、デジタル関連の試験的プロジェクト（PoC：Proof of Conceptなど）の推進を主導していました。つまり経営目線で追求したい市場機会を絞り込み、チャンスを見極め、イノベーションの取り組みに指揮を執ることで、現場の各リーダーと連携して課題を解決しながら、期待されるリターンを確保していました。

DXのビジョンが未定義の場合、現場の各リーダーから提案された多くの意欲的な製品・サービスに対して、トップマネジメントが時間や予算に制限がある中で合意できず、内部で軋轢が生じるなど、組織として掲げたDXの目標が達成できないリスクがあります。また経営陣や各リーダーの間で意見が一致しない場合には、組織全体に不安や迷いが生じ、プロジェクトが始まる前に推進が停滞するリスクがあります。

多くの企業にとってDXは未経験の取り組みです。これまで経験してきた従来型のIT投資は、省力化や業務プロセスの効率化など、企業に設備投資としての確実なメリットをもたらしてきました。しかしそれとは異なり、DXには不確実性（リスク＝機会と脅威）があります。単にテクノロジーへ投資し

11　Rethink, Reinvent, Realize, Accenture
https://www.accenture.com/_acnmedia/thought-leadership-assets/pdf/accenture-ixo-hannovermesse-report.pdf
アクセンチュアの調査によると、主要な産業分野の企業（年商10億ドル：約1,300億円以上）のトップマネジメント1,350人を対象としたグローバル調査（2016 ～2018年）において、DXに成功している企業は、調査対象企業のうち2割。

ただけではリターンが得られるとは限りません。ただしDXを成功させることで劇的なリターンを得る場合があります。このリターンを確実にするには、それに伴う不確実性（リスク＝機会と脅威）に、経営トップが指導力を発揮して対処していく必要があります。しかもスケールメリットが出せる大規模なDXになるほど、テクノロジー以外の領域にリスクが広がります。

DXに関する調査や研究資料は異口同音に、DXが経営の問題であること、そして経営者自身が率先してビジネス上のインパクトを理解する必要があることを示唆しています。「自社のDXが何を目指すべきか」「自社の組織や業務をどう変えたいか」などについては、経営トップの専権事項となるためです。グローバル化の進展やデジタル革命により経営環境が急激に変化する中で、企業はこれまでのオペレーティング・モデルから、デジタル時代の新たなモデルへの「変容」の旅を、一刻も早く始めることを迫られています。

DXが単なるデジタルテクノロジーの導入ではなく組織のトランスフォーメーションを必要とする理由はここにあります。DX成功の命運を握るのは経営トップのリーダーシップです。

DX推進に不可欠な「DXリスクマネジメント」

冒頭で述べたように「すべてのビジネスがデジタルビジネス」の時代に、自社の競争優位を確立していくためには、テクノロジーを中心に据えて、事業全体をデジタル時代の仕様へと再構築していく必要があります。そのように複雑で中長期にわたるDXを安全かつ成功裡に進めていくにはリスクマネジメントは不可欠です。

「DXリスクマネジメント」は経営トップのリーダーシップのもとに、DXによる新たな価値創造を目的とする全社にわたる活動です。DXの戦略・実行タスク・各種目標に対して、組織はパフォーマンスをより向上させるため、DX推進を通して検証し見直す必要がありますが、そのためのマネジメント・フレームワークがDXリスクマネジメントの枠組みにあたります。企業のパーパス・ビジョン・コアバリューを拠り所として、統合的にリスクを管理することで、企業が取るべきリスク（機会）の最大化と、取ってはならないリスク（脅威）の最小化を通して、DXによるリターンの最大化を目指します。

このような統合的なリスク管理手法は全社的リスクマネジメントあるいは統合型リスクマネジメント（ERM：Enterprise Risk Management）と呼ばれます。戦略的なリスクマネジメントの方法論であるERMの考え方をDX推進に適用することで、組織全体の観点から、発生するDXリスクを統合的に把握・評価・最適化し、DXによる価値の最大化を図ります。

部門ごとに行われる個別型（サイロ型）のリスクマネジメントと比べて、統合型のDXリスクマネジメントは、全体のダウンサイドのリスク量を最小限に抑え、全社を通してアップサイドのリスクテイクの機会を見出すことで、DXにより生み出されるリターンを最大化するためのアクションにつなぎます。また全社視点でDXに必要な経営資源を評価することは、資源配備の優先順位の決定や、資源配分の強化につながります。

また、このような状況変化に応じて選択と集中を行うリスクマネジメント能力を備えることは、組織のレジリエンスの強化につながります。レジリエンス（Resilience：復旧力）とは、変化を予測して対応する組織能力であり、難しい状況に直面した場合でも、上手く適応できる力を表します。

本書のDXリスクマネジメントのフレームワークはERMの国際的ガイドラインである「COSO ERM」と「ISO31000」、そして「COSO ERM for Cloud Computing」を参考にしています[12]。DXの考え方やアプローチを軸として、各ガイドラインからDX推進に必要な要素を適用し、DXリスクマネジメントの枠組みとアプローチを構成しています。なお、DXリスクマネジメントは、組織のERMプロセスに統合されます。

DXリスクマネジメントのアプローチ

序章では、「第4章　DXリスクマネジメント」から一部を抜粋して、DXリスクマネジメントのアプローチを紹介します。

DXリスクマネジメントのアプローチは、COSO ERMのフレームワークを参考に、相互に関連する5つの要素と20の原則で構成しています（**図表0-1**）。

最初の要素は「**1. ガバナンスと文化**」です。「**原則1：取締役会によるリスク監視**」では、DXの執行状況を監督する取締役会に関する方針を示しています。**図表0-2**は「取締役会が経営陣に対して持つべき問い」の一例です。取締役会にはDX戦略の策定・実行が組織の持続可能な価値創造を達成・維持するために十分かどうかを評価することや、経営陣に対して自社のDXを正しく方向付けすることが期待されています。このように、DX推進に関して取締役会が果たすべき役割は、以前にも増して重要になってきています。

（詳細は「第4章　DXリスクマネジメント　原則1：取締役会によるリスク監視」を参照）

次の要素は「**2. 戦略と目標設定**」です。執行関係者だけでなく、取締役会を含めて、DX戦略・目標の実行可能性や適切性を検証します。そのうち「**原則6：事業環境の分析**」では、経営者はDXの戦略策定や目標設定に不可欠なメガトレンドや環境変化に関する影響分析を行います。変化の激しい事業環境に適応するためのDX戦略には、事業環境の影響分析は不可欠です。検討には自社を取り巻く外部環境や内部環境、メガトレンド、テクノロジートレ

12　**COSO ERM**：米国の企業不正を正す活動を行う組織COSO（Committee of Sponsoring Organizations of the Treadway Commission：トレッドウェイ委員会支援組織委員会）により発行されたERM（Enterprise Risk Management：全社的リスクマネジメント）のフレームワーク。2017年改訂。

ISO31000：リスクマネジメントの国際規格。組織の目的に影響を与えるリスクを効果的・効率的にコントロールすることで、組織の価値の創出・保護を目指す。リスク特定、リスク分析、リスク評価、リスク対応、モニタリングの一連のプロセスが含まれたERM（全社的リスクマネジメント）のフレームワーク。2018年改訂。

ISO31000：2018（JIS Q 31000：2019）からの抜粋：

［原則］リスクマネジメントの意義は価値の創出及び保護である。リスクマネジメントはパフォーマンスを改善しイノベーションを促進し目的の達成を支援する。［Principles］The purpose of risk management is the creation and protection of value. It improves performance, encourages innovation, and supports the achievement of objectives.

COSO ERM for Cloud Computing：クラウド・コンピューティングに向けた全社的リスクマネジメントのフレームワーク。2021年発行。

図表0-1　DXリスクマネジメント：5つの要素と20の原則

1. ガバナンスと文化
原則1：取締役会によるリスク監視
原則2：業務構造の確立
原則3：目指すべき文化の定義
原則4：コアバリューに対するコミットメント
原則5：優秀な人材の確保・育成・保持

2. 戦略と目標設定
原則6：事業環境の分析
原則7：リスク選好（リスクアペタイト）の定義
原則8：代替戦略の評価
原則9：事業目標の設定

3. パフォーマンス
原則10：リスクの特定
原則11：リスクの重大性の評価
原則12：リスクの優先順位付け
原則13：リスク対応の実施
原則14：ポートフォリオの視点の策定

4. レビューと修正
原則15：重大な変化の評価
原則16：リスクとパフォーマンスのレビュー
原則17：リスクマネジメントの改善の追求

5. 情報・伝達・報告
原則18：情報と技術の有効活用
原則19：リスク情報の伝達
原則20：リスク・文化・パフォーマンスの報告

出所：COSO ERMを参考にアクセンチュア作成

図表0-2　取締役会が経営陣に対して持つべき問い（例）

・DXで企業が創出する価値（財務・非財務）は何か
・DXが企業のリスク（機会・脅威）をどのように増減させるのか
・DXの現在および将来のトレンドは何か
・DXが企業の組織に与える影響は何か
・企業のDXの成果を、他社やベンチマークなどに対して、どのように比較するのか

出所：アクセンチュア

ンドなど、多様な要素を織り込みます（**図表0-3**）。

（詳細は「第4章　DXリスクマネジメント　原則6：事業環境の分析」を参照）

このように「1. ガバナンスと文化」「2. 戦略と目標設定」の段階からリスクに焦点を当て、組織のDX推進にリスクマネジメントをシームレスに機能させることで、DX戦略および目標の達成をより確実にします。

図表0-3　事業環境の分析（イメージ）

（DXの戦略実行・目標達成に影響する事象）

外部環境

- ・・・
- ・・・
- ・・・

内部環境

- ・・・
- ・・・
- ・・・

機会・脅威

- ・・・
- ・・・
- ・・・

課　題

- ・・・
- ・・・
- ・・・

資金調達

- ・・・
- ・・・
- ・・・

出所：アクセンチュア

DX成功のマインドセット――リスクベースで捉える

DX達成のための企業全体を通したDXリスクマネジメント活動に欠かせないのは、組織の人々のマインドセットです。DXリスクマネジメントの実務を導入したとしても、組織の人々のマインドが同じ方向を向いていなければリスクマネジメントは形骸化します。

多くの企業にとってDXは新しい取り組みであり十分な経験が蓄積されているわけではありません。組織がDXの不確実性を受け入れ、パフォーマンスの最大化に努めるためには、未知の事象に遭遇するような場合でも、より良い判断や行動が可能となるリスクベースのマインドセットが求められます。

マインドという言葉は心や精神という意味の他に、物事に対する考え方や感じ方を表します。人が物事を判断したり行動したりする際の基本的な考え方や思考パターンを指しますが、それまでに経験した社会文化や教育、そして個々に持っている先入観などから形成されています。

個々の集合意識が企業全体のマインドを形作りますが、企業のマインドは経営の意思決定のスタイルやスピード、価値観、戦略、暗黙の了解事項、コミュニケーションの特性などに影響します。つまりマインドは、一連の信念や、思考、感覚、態度、行動のすべてに影響を与えるため、組織運営において非常に重要と考えられます。

経営トップから組織の全員に向けて新しいマインドセットを提唱することで、全員が同じ方向に向かってDXに取り組むことが可能となりますが、受け入れたDXのリスク（機会と脅威）を社内で共有し、対処していくことは、DXの目指す方向を全員に「腹落ち」させ、足並みを揃えるためにも有効です。また、不確実性が高く動きの速い環境変化に即応するため、企業に必要なアジリティ（機敏性）という組織能力の獲得・向上にも、マインドセットは重要な働きかけをします。組織の迅速な意思決定や、役割分担の柔軟性、効率的な業務の編成などに欠かせないアジリティは、DXの成果に大きく影響します。

一般に、変革の取り組みを成功させる上での最大の脅威は、参加するメンバーが「そもそもなぜこんなことをする必要があるのか？」と感じることです。メンバーが信念を見失い始めると組織全体で変革の機運が失速していきます。経営トップは企業の未来を構築するため「サポーター」となる社員からのエンゲージメント（組織に対する愛着心）を獲得することが重要です。それゆえ、「企業」にとって、そして「社員」にとって、DXがどのようなチャンスをもたらし、どのようなリスクを減らすのか、明確に示す必要があります。

新たな成長を促すためにどのように自社のDXを展開していくのか、現在から将来にわたってどのように価値を創出していくのか、DXを通して企業が将来どのようにあるべきかについて根本から考え直すチャンスが来ています。

DXリスクに対処すべき理由を知る

リスクに気づきリスクを特定するためには「DXが何であるか」「DXによる価値創造とは何か」などについて理解を深めることが重要です。多くの方々にとってDXという言葉が、突然どこからともなく降ってきたように感じられるかもしれませんが、実際はそうではありません。各種のきらびやかなデジタルソリューションや同業他社の動きなど、表面的な情報に目を奪われてしまいがちですが、まずは自社の強みを軸に、組織を取り巻く環境を俯瞰して、リスクベースのマインドセットでデジタル変革を捉えることが本質的に必要です。

DXを端的に言えば、アナログの世界からデジタルの世界への移行です。「すべてのビジネスがデジタルビジネスになる」という新しい経済パラダイムに合わせて、組織全体を変革する必要がありますが、その旅をいち早く始めるためにも、DXのリスク（機会と脅威）に気づくことが先決です。

リスクに気づかなければ、ビジネスインパクトも認識されないため、対策を打つ段階へ進めません。リスクマネジメントではリスク認識が最も重要とされますが、リスクを特定し、分析し、評価し、対応するという一連のプロセスの中で、最初の「リスクの特定」が不十分であれば、後続の分析をいくら精緻に行ってもリスクマネジメントが的外れになってしまうためです。

またDXリスクマネジメントは決してリスク管理担当だけの活動ではなく、DX成功に貢献する組織全員による活動です。不確実性のあるDXには、組織のトップから現場の第一線まで、一人ひとりにDXの阻害要因を防ぎ、成果を極限まで高める行動が期待されます。DXを成功に導くため、取締役会から経営陣に対して助言を行うことや、経営陣がDX戦略を検討し課題があれば解決を支援することであったり、各々の業務で管理職と職員がDX遂行を試行錯誤することなど、組織全体のDX推進にリスクマネジメントが貢献します。

健全なリスクテイク

デジタルの進化に伴う新たなチャンスとリスクに対して、企業は次々と判断し決定する必要がありますが、現代の企業が直面するリスクは、グローバル化の急速な進展に後押しされて、安全保障問題や地政学リスク、そして気候変動問題を絡めて、より複雑化しています。経済の相互依存で世界は近接につながり、この先も不確実性がもたらす新たなリスクに機敏に対処していく必要があります。しかしリスクマネジメントに消極的な多くの日本企業は、新たなリスクの被害が発生した「後」に対応策を進めていないでしょうか。

世界のリーダー企業は競争上の優位性を重視して、より積極的なアプローチへと、改めて自社のリスクマネジメントに見直しをかけています。コロナのような危機をチャンスへと変換することを志向して、自社のレジリエンス（復旧力）やアジリティ（機敏性）を強化することで、抜け目なく漁夫の利を得ることに関心を高めているのです。

一般的にリスクとは「危険なこと」「避けるべきこと」という意味で使われていますが、高いリスクを負うことでより高い期待収益を得る可能性が生まれることを「リスクとリターンのトレードオフ（Trade-off：何かを達成するためには何かを犠牲にしなければならない関係）」と言います。

資産運用の分野で「リターン」とは「資産運用を行うことで得られる成果」を指しますが、収益が得られることもあれば損失が出ることもあります。リスクという言葉には危険を表す以外に「予想どおりにいかない可能性」という意味があり「リスクが大きい」とは「大きく収益が得られるかもしれないし、大きく損失が出るかもしれない」という「ダウンサイドにも、アップサイドにも振れる」という両方の可能性を秘めています。ノーリスク・ノーリターンと言われるようにリスクを取らないところに利益は生まれません。リスクの国際規格の定義もこの考え方と同様です[13]。

リスクの語源である「リズカーレ（Risicare）」は中世の大航海時代のイタ

リアの「船乗り」を意味していました。荒波の中断崖絶壁や岩礁などがある危険な海域で、荷物を狙う海賊を蹴散らし、一攫千金を求めて船出する冒険者を指したリズカーレが、やがて「勇気を持って試みる」を意味する言葉として用いられるようになったと言われます。語源が示す歴史からも「リスク」とはネガティブな意味だけではなく、建設的に利益を獲得する目的で、損失も計算に入れた上での挑戦であることがわかります。

13　ISO31000：2018は「目的に対する不確かさの影響」をリスクと定義し、その影響には機会又は脅威をもたらす「好ましい影響」「好ましくない影響」「その両方の場合」を含む。
COSO ERM (2017) は「戦略や事業目的の達成に影響を与える事象が発生する可能性」をリスクと定義し、「ポジティブな影響を与える機会」と「ネガティブな影響を与えるリスク」を含む。

第1章

新経済パラダイムとDX

——チャンスとリスクに気づく

DX Risk Management

世界の経済社会の動きを知る

自社を取り巻く環境の変化

新型コロナウイルスの世界的大流行をきっかけにあらゆる業界でDXが加速しました。同時に気候変動問題をはじめとした環境の悪化に伴う貧困や失業者の増加など、国際社会が抱えるグローバルリスクも顕わになりました。このような状況を背景に、企業価値の創出と社会課題の解決の双方を可能とするDXへの期待が一層高まっています。

今回のパンデミックを契機に急速なデジタル移行が進みテクノロジーを巧みに導入することがかつてないほど重要になりました。ニューノーマルへと社会経済が不可逆的に進化する中で自社が確実に成功するためには「何が変わったのか」を整理しておくことが重要です。

DXに関連するアジェンダの多くは、経済社会の動きを契機としていることから、第1章では、テクノロジーの変化をめぐるここ数年の主な世界の経済社会の動きをクイックに振り返ります。

これまでの直線的（リニア）に成長していた静的な環境では、投入した自社のリソース（ヒト・モノ・カネ）に対して成長はほぼ比例し、変化の速度は比較的緩やかでした。企業は労働力の確保をはじめとして、ビジネスモデル、オペレーション、テクノロジー、サプライチェーンなどの組織のシステムを数十年かけて漸進的に構築してきました。社員を1人雇えば、それに比例して会社の売り上げが上がるというモデルは着実な成長をもたらしますが、人員が増えれば収益と同時にコストも増すため、売上規模の伸びほどには利益が増えない場合があります。

一方、デジタルテクノロジーを活用した指数関数的（エクスポネンシャル）な成長では、それほどの経営資源を投入せずとも、急速にパフォーマンスの向上とスケールの拡張が容易となっています。ある時点を超えると爆発的に儲かる指数関数的なビジネスモデルが、現代の経済社会に破壊的進化をもたらしています。

リーダーたちはDXのチャンスとリスクを共有

今から約7年前の2015年、世界経済フォーラム（WEF：World Economic Forum）[1]はアクセンチュアと共に「デジタル・トランスフォーメーション・イニシアティブ（DTI：Digital Transformation Initiative）」を設立しました[2]。DTIは、大手グローバル企業や新興のデジタル企業の経営者、政府・政策担当者、学識経験者などを対象に調査を実施し、DXが社会と産業にもたらす経済価値は2025年までの10年間で100兆ドル（約1.3京円）を超えると予測しました[3]。DXは百年に一度あるいは一世代に一度のチャンスとして認識され、この壮大な価値の開拓に向けて、世界中でDXへの取り組みが加速していきました。DXはまた、SDGsの達成実現に効力を発揮することから、サステナビリティ事業がもたらす大規模な経済効果に対しても大きな期待が寄せられました。

2016年のダボス会議（世界経済フォーラムの年次総会）では「第4次産業革命を極める（Mastering the Fourth Industrial Revolution）」をメインテーマにDXが議論されました。第4次産業革命という言葉はWEFのクラウス・シュワブ会長による造語と言われます[4]。第1次産業革命は1700年代の後半に蒸気機関の発明で機械生産が始まったことで農業から工業へのシフトが起

1　世界経済フォーラム：世界情勢の改善に取り組む国際機関として政治・ビジネス・社会など各分野のリーダーと連携し官民両セクターの協力のもと特定の利害と結び付くことなくグローバルな公益の実現を目的とした非営利団体。
2　Digital Transformation Initiative (DTI)
https://reports.weforum.org/digital-transformation/
3　WEF Digital Transformation Initiative, In collaboration with Accenture, Unlocking $100 Trillion for Business and Society from Digital Transformation Jan 2016/May 2018
4　第4次産業革命はドイツのインダストリー4.0で使われる用語よりも幅広い意味を持つ（ドイツのインダストリー4.0はデジタル技術を製造業に応用することを目的に2011年から2015年にかけて生まれたイニシアティブ）。

図表1-1　テクノロジーの進展

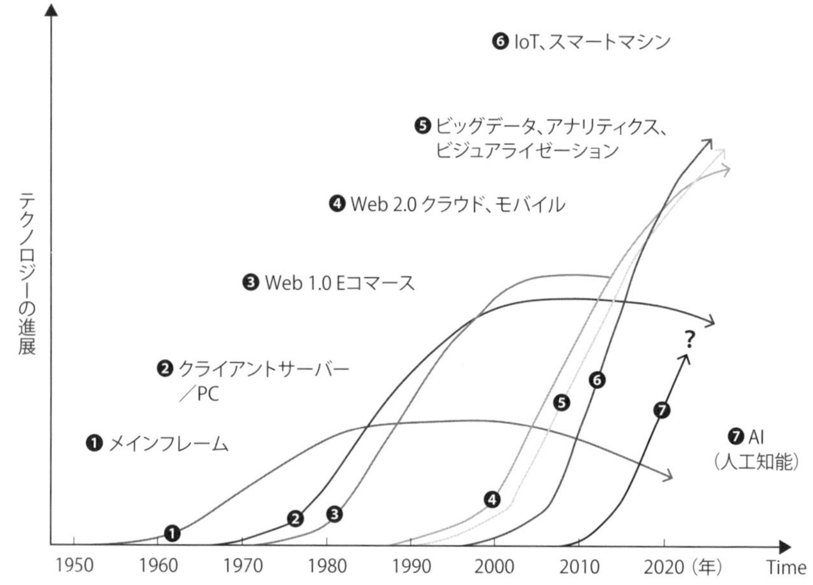

出所：WEF Digital Transformation Initiative, In collaboration with Accenture, Unlocking $100 Trillion for Business and Society from Digital Transformation Jan 2016/May 2018

こり、その100年後の1800年代後半には電力の発明による第2次産業革命が起きて重工業などの大量生産が始まり、さらに100年後の1900年代後半に第3次産業革命がコンピューターによる製造の自動化・効率化で進展しました。その50年後の今、AIやIoTなどの指数関数的技術の進展で第4次産業革命のDXの時代に入ったわけですが、今回の産業革命は、過去の時代とは比べものにならないスピードとスケールをもって破壊的（ディスラプティブ：Disruptive）な成長を見せています（**図表1-1**）。

2016年当時はGAFAM（グーグル／アップル／フェイスブック：メタ・プラットフォームズ／アマゾン／マイクロソフト）が揃って世界の時価総額ランキングのトップ10にランクインし始めた頃であり、インターネットという物理的制限のない仮想空間を通してデータを源泉としたビジネスが瞬く間に広がったGAFAMの成長は、誰の目にも驚異的でした。

強い危機感「すべての企業がテクノロジー企業のように考える必要がある」

ダボス会議では、テクノロジーの急速な進歩が生み出す巨大なチャンスを、どのような企業・組織・個人であっても逃さないようにすべきであり、私たちの生活や仕事、生き方、人との付き合い方、そしてマシン（Machine）との付き合い方に変化をもたらすDXは、世界が直面する課題に対処するためにも不可欠である、とのメッセージが世界中のリーダーに共有されました。サステナビリティの課題解決を急ぐためにも、リニアな変化ではなく、エクスポネンシャルな飛躍的進歩が必要であり、DXによるワープスピード（超高速）が必須であることが強調されました。

また技術革新が、雇用を破壊する面と創造する面の両面についても問題提起され、誰もが等しくデジタル技術を活用し利益を得ることができるよう、倫理的・道徳的に必要とされる規範や規則を迅速に整備する必要性や、テクノロジーが私たちの仕事を奪いに来るという考えは誤解で、むしろ企業側はより大きなチャンスとしてテクノロジーを認識することで、人間の活動を強化し組織のパフォーマンス向上に活かせることも共有されました。

さらに、強力なリーダーシップの発揮が必要となることにも焦点があたり、リーダーシップが弱い組織の場合、かつて経験したことのない規模の変化を目の当たりにすると問題を抱え込む傾向にあることから、この激変する環境ではトップダウンで即断即決のできる強いリーダーシップが有効であることも話題に上がりました。

「近い将来ほぼすべての企業がテクノロジー企業のように考える必要があり、そうしなければ消滅の危機に瀕することになる」との提言も含め、DXのチャンスとリスクについて公の場で改めて明確に共有されました。世界各国の官民リーダーは、DXが比類なき価値創造のチャンスをもたらすこと、それと同時にデジタルによる破壊的イノベーションが、企業や産業、そして社会をも巻き込んで新陳代謝を促し、これから淘汰が進んでいくリスクに対して早期に組織の姿を変えていかなければ、成長はもとより今の規模さえ維持できないという、DXリスクに対する強い危機感を持ち帰りました。

株主資本主義からステークホルダー資本主義へ

2016年のダボス会議で世界のリーダーに危機感が共有され、DXそしてDXを通じたSDGsの達成が各国企業のアジェンダとなっていきましたが、その背景には株主利益を第一とする「株主資本主義」から、社会と共存し広範な繁栄を目指す「ステークホルダー資本主義」へとシフトする動きがありました。

2008年のリーマンショックに端を発した世界金融危機が分水嶺となり、経済的不平等の拡大や環境問題の深刻化などの格差問題の顕在化が進み、サステナビリティ経営へシフトしていきました。国連主導のESG[5]やSDGsなど、問題提起が先行していた米国から草の根のムーブメントが起こり、黒人への根強い差別の撤廃を求めるBLM（Black Lives Matter：ブラック・ライヴズ・マター）運動や、セクシャルハラスメントや性的虐待の被害を告白・共有し女性の権利を守るミー・トゥー（#MeToo）運動、性的マイノリティの権利擁護や社会的平等を訴えるLGBT運動、そしてグレタ・トゥーンベリ氏に代表される環境運動が世界中で広まり、国際社会の風潮は確実に変化していきました。

米国では巨額の報酬を得て、繁栄を享受する経営層に対して、企業にとって最も重要なステークホルダーとなる従業員には、長らく富の分配が後回しにされている現実にも批判が生じて、これらの社会課題を企業は軽視できなくなりました。その結果、米国経済界は長年にわたる株主利益至上主義という企業意思決定の原則を取り下げて、新たな「企業のパーパス（purpose：

5 ESG：Environment（環境）、Social（社会）、Governance（ガバナンス・企業統治）を考慮した投資活動や経営・事業活動を指す。

存在意義）に関する声明」[6]に置き換えて、「顧客・従業員・ビジネスパートナー・地域社会・株主などすべてのステークホルダーに価値をもたらすことが企業の使命である」として企業の存在意義を再定義しました。

そして2020年1月のダボス会議では「ステークホルダーがつくる持続可能で結束した世界」をテーマに「ダボス・マニフェスト2020」が提唱され、旧バージョンの更新で新たに加えられた項目には「公平な競争と平等な機会」「デジタルエコシステム」「スキルアップ」「リスキリング」「サプライチェーンを通じた人権の尊重」「データの安全かつ倫理的有効な使用」などが追加されました[7]。

その後は、2020年からのコロナ禍に世界が直面し、パンデミックが招いた経済の崩壊から回復しようとする矢先に、ロシアによるウクライナ侵攻が起こり、再び世界は大きな衝撃を経験しました。

企業には、不確実性をチャンスととらえることで、変化を受け入れ、どのようなパーパス（存在意義）のもとに、どのような価値を提供し、どのような人を育み社会を作るのか、未来を再構築すべき時期が到来しています。

日本企業に求められる長期戦略とリスクテイク

世界のトップ企業は、過度な短期主義に対する反省を背景に、より長期のビジョンをもとに、自社のパーパスを拠り所に望ましいビジョンを描き、価値を創造する経営へシフトしています。

全社共通で目指すべき姿（北極星：ノーススタービジョン）を定義して、

6　Business Roundtable, Statement on the Purpose of a Corporation, August 2019

7　Davos Manifesto 2020：The Universal Purpose of a Company in the Fourth Industrial Revolution
https://www.weforum.org/agenda/2019/12/davos-manifesto-2020-the-universal-purpose-of-a-company-in-the-fourth-industrial-revolution/
Davos Manifesto 1973：A Code of Ethics for Business Leaders
https://www.weforum.org/agenda/2019/12/davos-manifesto-1973-a-code-of-ethics-for-business-leaders/

そのビジョンを実現するために、未来からバックキャストで逆算し、必要となる長期計画のもとで、短期の1～2年あるいは四半期単位の計画を仮説ベースで実行しています。北極星が見えていれば、長い道のりでも迷うことがありません。

過去最高の業績を見せている世界の企業は、変化の速さに応じてピボット（方向転換）をとり、DXにも積極的に舵を切るなど、意思決定にアジリティ（機敏性）がうかがえます。急速に変化する環境に適応するため、北極星という長期ビジョンの下に、戦略的に短期アクションを積み重ね、適切なリスクテイクを遂行していくことが相応しい時代に移行しています。世界のトップ企業は、投資家へ向けてキャッシュフローを生み出すストーリーを発信し、長期的な時間軸のもとで、価値創造のメカニズムを好循環で展開しています。常にリターンを意識して、成長のカギとなるデジタル領域をはじめとした先行投資で健全なリスクテイクを図り、「ROIC」[8]「WACC」[9]など資本効率を重視した経営でフリーキャッシュフローを生み出し、株主還元としてのTSR（Total Shareholders Return）と、非財務的な価値提供も意識した価値創造を展開しているのです（**図表1-2**）。

一方、日本の多くの上場企業では、経営ビジョンは5～10年、中期経営計画は3～5年のスパンで策定されていますが、変化の早い環境においては3年先あるいは5年先の事業環境でも見通しを立てるのが難しくなっています。直近ではパンデミックやロシアによるウクライナ侵攻で、中期経営計画のとおりにいかない状況も現れ、従来の重厚な経営サイクルでは、企業活動が上手く機能しなくなっています。

また、日本企業の上場企業の代表取締役社長の在任期間は、中期経営計画の期間に伴い、2期4年などを中心に5年前後の傾向にあります。社長としての在任期間が長くなると収益を上げていても“ワンマン”や“独裁”などと揶

8 ROIC (Return on Invested Capital：投下資本利益率)
9 WACC (Weighted Average Cost of Capital：加重平均資本コスト)

図表1-2　DXによるビジネスインパクト

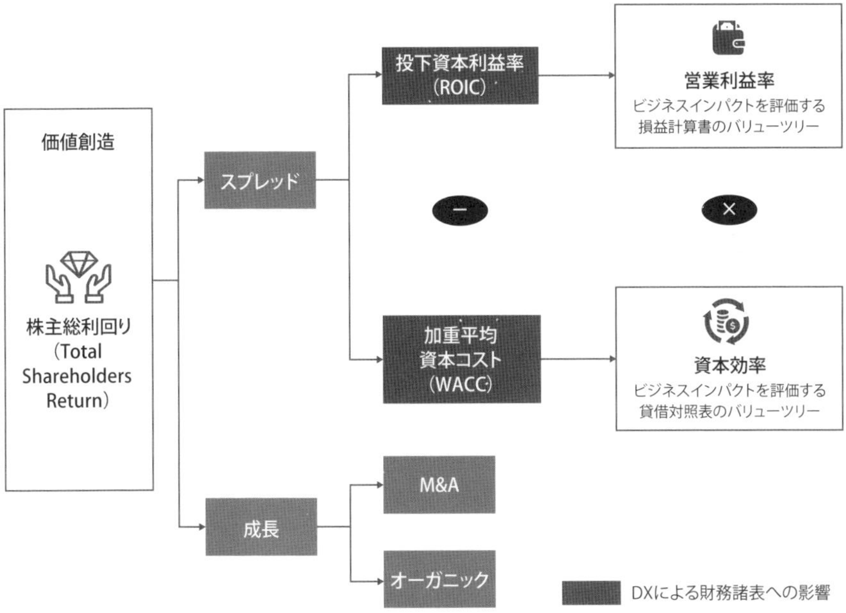

出所：アクセンチュア

捻される場合もあり、5～10年先の見通しさえ効かない状況は、DXを含む中長期の価値創造ストーリーの実現には不利な環境と言えます。

参考までに米国のS&P500のCEO（最高経営責任者）の在職期間に関する調査[10]によると2017年は9.1年、2019年は7.8年、2020年には9.3年と日本の社長在職期間の約2倍にあたることがわかります。

別の調査[11]では、CEOは就任から11～15年目に最高潮の時期を迎えていることがわかりました。就任初期には成果の上がらなかったプロジェクトや投資でも、長期の任期とCEO自身のケイパビリティの向上で最高の価値創造

10　Harvard Law School Forum on Corporate Governance, CEO Succession Practices in the Russell 3000 and S&P 500 2021 Edition
11　*Harvard Business Review*, The CEO Life Cycle: A study of performance over time (November–December 2019)

を達成していました。

しかし、競争に勝ち11〜15年目に最高潮を迎えたCEOでも、浮き沈みを経験し、在任期間を通して好業績を継続できていたわけではないこともわかりました。それでも任期が続いたのは、経営が困難な年でも、取締役会や投資家との間に築いた信用や信頼をもとに、軌道修正ができていたからだと言います。こうしたCEOの長期政権は、十数年の年月を通して危機を克服しつつ、深い経験・知識を身につけながら複雑なマルチステークホルダーが取り巻く状況を、上手く切り抜けてきた証と考えられます。

価値創造：DXで生み出す無形資産（インタンジブルズ）

「企業価値とは何か」を考える場合、現代の企業価値の源泉が、有形資産（Tangibles：タンジブルズ）から無形資産（Intangibles：インタンジブルズ）へ変化していることを意識する必要があります。有形資産は金融資産や土地・建物設備資産などの財務・製造資本ですが、無形資産はデータやコンテンツ、ソフトウェア、デザイン、ブランド、特許、研究開発から、従業員・経営者の能力、取引先との強い信頼関係に至るまで、無形ではありますがキャッシュフロー創出に貢献している経営資源です。

現代経済の無形資産はサイバー空間を通して同時に何度でも繰り返し使用可能であり、GAFAMのような企業の急速な成長を説明できるのはこの無形資産がデジタルの性質により指数関数的（エクスポネンシャル）に増幅していくためです。DXは企業の無形資産の獲得・拡大を促進する手段でもあります。

ちなみに半世紀前の1975年当時の米国S&P500企業の時価総額データを見ると、有形資産が83%を占め優勢でした。しかし1995年以降、その割合は逆転して無形資産は68%へ増え、2020年には90%に達しました。つまり従来の財務情報により説明できる企業価値は、たった1割になってしまったということです。この変化は企業から投資家に対する非財務情報に関する説明が、非常に重要になっている状況を示しています（**図表1-3**）。

図表1-3　米国・日本・欧州の金融市場における「無形資産」の比較

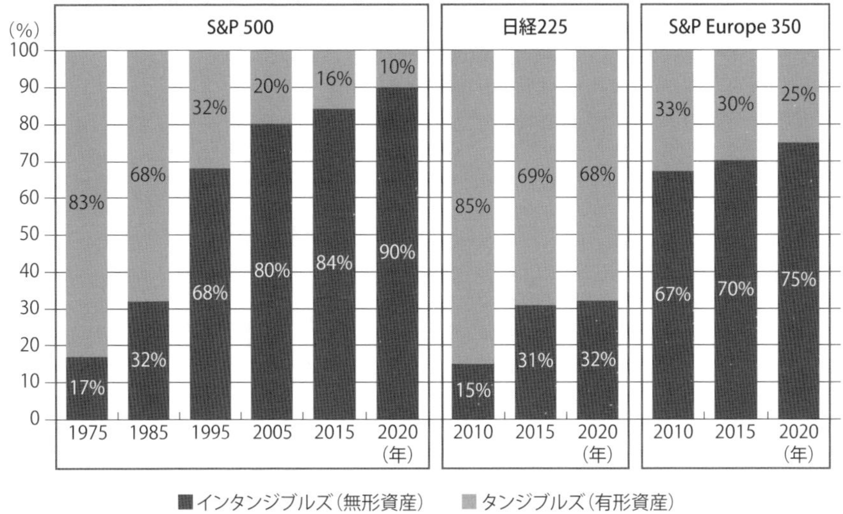

出所：Intangible Asset Market Value Study（Ocean Tomo 2021）

企業の時価総額にもこの変化は反映されています。1960年当時、かつてのメジャーな企業はほぼ製造業でしたが、現代はハイテク産業へと様変わりし、往年のトップ企業の収益は巨大ではありますが低迷しています。GAFAMなどのデジタル企業は、小規模なスタートアップから十数年で、それらの大企業をはるかに上回るレベルへと急成長しました。金融市場では無形資産への投資の集中がますます加速しており、最先端企業と乗り遅れた企業との間に格差を広げています。

日本企業の場合、無形資産よりも、未だ有形資産の占める割合が大きく、欧米や新興国の先進的企業の後塵を拝しています。今日のビジネス環境では、有形資産による直線的（リニア）な成長や漸進的な改善だけでは勝てないことが疑う余地なく明らかになっており、価値創造を進化させるためには、すべての企業がテクノロジー企業のように姿を変容させる必要があります。DXを通して「無形資産をいかに増やすか」が事業戦略において極めて重要な観点となります。

価値創造：DXに不可分の統合思考
―― 4つのX（Transformation）

ポスト・パンデミックと呼ばれる新しい時代には、世界のトップ企業はパーパスを再構築して、責任ある行動と多次元的な価値の創造を戦略の中核に据えています。「強すぎる株主のガバナンス」が問題視された結果、世界の経営者は複数のステークホルダーに目を向けて、長期的な株主価値の創造を重視したパーパス経営のもとにESGの重要性を認識するようになりました。

非財務情報でありながら“良い経営をする企業を表す指標”として、投資家の投資判断に不可欠となっているESGですが、DXはESG経営の成否を握るカギでもあります。重要となる「非財務情報」は会計基準が確立された「財務情報」とは異なり、デジタルコア（デジタルを核とした考え方・業務）がなければ情報の収集や可視化が容易ではないためです。ESGの最大の課題は企業の強みや弱み・オペレーション・人材・リスクや事業機会に関する膨大なデータを、一つの評価に落とし込まなければならないことです。企業により採用するESGの基準は異なりますが、いずれにしても非財務価値の現状把握や情報開示には強靭なインフラとデータが必要となります。

企業価値を決める要因が「有形資産」から「無形資産」へと変化している中で、サステナビリティは企業の価値創造の新たなチャンスとなっています。

先進企業はこの成長分野に、DXを通して長期にわたり十分なキャッシュフローを生み出す新事業を見出そうとしています。SDGsの達成で2030年までに年間12兆ドル（約1,560兆円）超の市場機会や3億8,000万人以上の雇用創出が見込まれており[12]、これらの数値が企業を刺激して取り組みを促進しています。

---

12 Better Business, Better World, Business and Sustainable Development Commission, 2017 https://sustainabledevelopment.un.org/index.php?page=view&type=400&nr=2399&menu=1515

図表1-4　DXが支える価値創造：4つのX（Transformation）

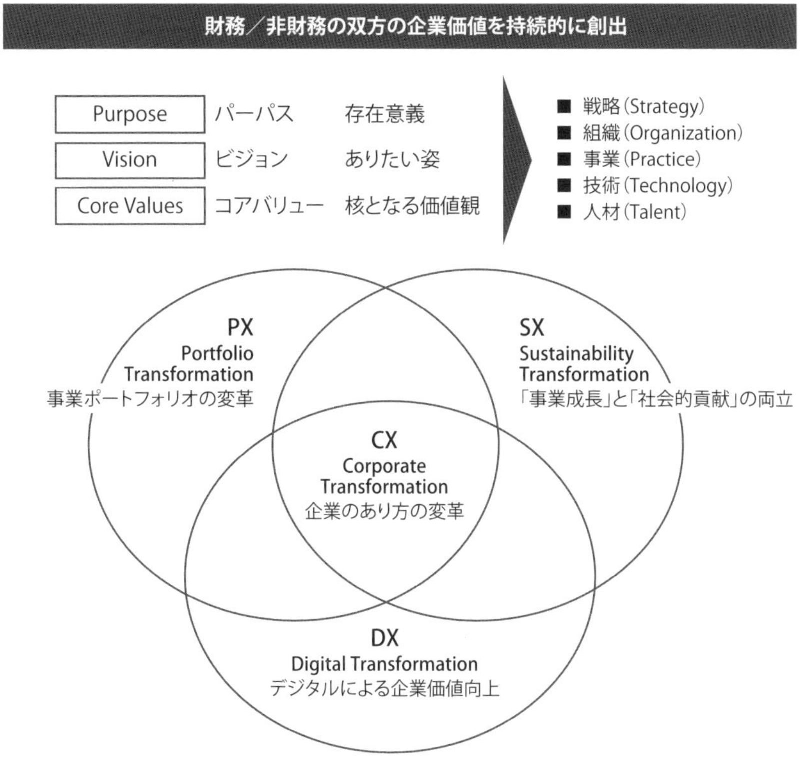

出所：アクセンチュア

このようにDXとSX（Sustainability Transformation：サステナビリティトランスフォーメーション）は企業価値の創出において、切り離すことができないドライバーとなっています。さらにDXとSXにより新規ビジネスが生み出されることは、事業のポートフォリオへ影響を及ぼし、PX（Portfolio Transformation：ポートフォリオトランスフォーメーション）と連動します。このようなDX・SX・PXの動きは必然的にCX（Corporate Transformation：コーポレートトランスフォーメーション）を促します。こうして複数の“X”を交差させながら、企業は統合的な経営視点のもとに、デジタルの力でスケールアップした企業価値を紡いでいくことになります（**図表1-4**）。

■DX（Digital Transformation：デジタルトランスフォーメーション）
■SX（Sustainability Transformation：サステナビリティトランスフォーメーション）
■PX（Portfolio Transformation：ポートフォリオトランスフォーメーション）
■CX（Corporate Transformation：コーポレートトランスフォーメーション）

これらのトランスフォーメーションの推進は分離していないでしょうか？各々のトランスフォーメーションを単体で推進した場合「無形資産」の形成は容易ではありません。持続可能な価値創造メカニズムは、DXを基盤とした複数のトランスフォーメーションが有機的に相互作用することで、財務・非財務の両方の価値創出を実現し始めるためです。

第４次産業革命での成長の軌跡

凄まじい成長スピードを見せたGAFAMの時価総額は、2021年末のピーク時で計10兆ドル（約1,300兆円）を超え、その規模は当時の日本株全体（753兆円）を大きく上回ることになりました。従来の企業の成長の速度は、例えばフォーチュン500企業が時価総額10億ドル（約1,300億円）企業に到達するまで、平均で20年を要していたと言われますが、デジタルスタートアップ企業の場合、2016年時点で平均４年、現在は平均２年半で10億ドル企業へと成長しています。加えて世界時価総額ランキングには、デジタル領域への先行投資で確実に成長した既存企業の顔ぶれもあり、革新に挑むことで世界のトップに君臨している事実は注目に値します。

現在成長を見せている企業の多くは、「近い将来、ほぼすべての企業がテクノロジー企業のように考える必要があり、そうしなければ消滅の危機に瀕することになる」などのアラートをリスクと認識し、パンデミック以前からDXを新しい価値を生み出すための基本ツールとしてテクノロジーへの投資を倍増させてきました。

図表1-5　世界時価総額ランキング・トップ50

単位：(T：兆$、B：10億$)

順位	企業名	時価総額	業種	国名
1	アップル	$2.912 T	IT・通信	
2	マイクロソフト	$2.361 T	IT・通信	
3	サウジアラムコ	$2.296 T	エネルギー	
4	アルファベット(グーグル)	$1.894 T	IT・通信	
5	アマゾン	$1.713 T	サービス	
6	テスラ	$1.183 T	一般消費財	
7	バークシャー・ハサウェイ	$763.63 B	金融	
8	エヌビディア	$681.81 B	半導体	
9	メタ(フェイスブック)	$668.69 B	IT・通信	
10	TSMC	$543.51 B	半導体	
11	ビザ	$493.18 B	金融	
12	テンセント	$483.87 B	IT・通信	
13	ユナイテッドヘルス	$479.87 B	医療関連	
14	ジョンソン&ジョンソン	$464.04 B	一般消費財	
15	ウォルマート	$415.62 B	サービス	
16	JPモルガン・チェース	$401.31 B	金融	
17	サムスン	$387.99 B	IT・通信	
18	プロクター&ギャンブル	$369.34 B	一般消費財	
19	モエヘネシー・ルイヴィトン	$369.17 B	一般消費財	
20	ネスレ	$363.27 B	一般消費財	
21	マスターカード	$361.48 B	金融	
22	ロシュ	$358.19 B	ヘルスケア	
23	エクソン・モービル	$352.06 B	エネルギー	
24	貴州茅台酒	$351.44 B	一般消費財	
25	バンク・オブ・アメリカ	$329.28 B	金融	
26	アリババ	$321.01 B	IT・通信	
27	シェブロン	$320.11 B	エネルギー	
28	ホーム・デポ	$315.77 B	サービス	
29	ファイザー	$287.69 B	ヘルスケア	
30	アッヴィ	$285.94 B	ヘルスケア	
31	BHP	$279.72 B	鉱業	
32	イーライリリー	$277.53 B	ヘルスケア	
33	ASML	$274.54 B	半導体	
34	コカ・コーラ	$271.14 B	一般消費財	
35	ブロードコム	$259.19 B	IT・通信	
36	ノボ ノルディスク	$259.12 B	ヘルスケア	
37	中国工商銀行	$258.12 B	金融	
38	コストコ	$254.91 B	サービス	
39	ウォルト・ディズニー	$252.30 B	サービス	
40	トヨタ	$251.80 B	一般消費財	
41	リライアンス・インダストリーズ	$236.34 B	エネルギー	
42	ペプシコ	$234.21 B	一般消費財	
43	シスコ	$232.09 B	IT・通信	
44	サーモフィッシャーサイエンティフィック	$230.85 B	サービス	
45	オラクル	$224.50 B	IT・通信	
46	アドビ	$221.51 B	IT・通信	
47	ロレアル	$220.74 B	一般消費財	
48	ベライゾン	$220.33 B	IT・通信	
49	アクセンチュア	$218.36 B	サービス	
50	コムキャスト	$218.09 B	サービス	

出所：companiesmarketcap.comを基に作成（2022年4月5日）

企業価値を端的に表す時価総額ランキングですが、その変遷から日本企業の苦戦がうかがえます。かつて1989年（平成元年）当時は、日本企業がトップ50社の6割以上を占めていました。しかし現在のトップ50は、米国企業が8割以上を占め、日本企業は1社のみとなっています（**図表1-5**）。

バブル期以降の33年間、多くの日本企業はリスクを避けて、投資を控え、守りの姿勢で低収益の事業を維持してきました。その結果、全体として成長力が弱まり、諸外国に比べて稼ぐ力の低迷を招いています。

長期的視野で見れば経済にはライフサイクルがあり、新しい事業が生まれ、成長し、成熟し、いずれは衰退する時期が必ず来ます。どのような新しい製品・サービスも時間の経過とともに、多くの企業が参入することで価格競争が起こり収益性が損なわれるため、特定の事業の成長が永遠に続くことはありません。

世界の環境変化に合わせて、日本企業も長期的な観点で、革新的なビジネスモデルへシフトすることが問われています。この先もドラスティックな産業構造の変化や、従来には存在しなかった規制や国際標準など、競争優位をめぐる前提条件が、さらに変容していくことが予見されます。既存の産業構造すべてが、同じように繁栄を享受できる状況はもはや長続きせず、激変する環境変化の中で、各企業の戦略の巧拙が評価される時代になるのは確実と考えられます。

ビジネスとして他社よりも優れたサービスを、お客様へ提供する方法を見つけるため、革新することは常に重要であり、その点でDXは、経済・社会・政治の垣根を越えて現代世界を変化させている潮流です。AI・ロボティクス・バーチャルリアリティー・ゲノム解析など、指数関数的なテクノロジーを活用することで、物理的な制限を超え、至るところにイノベーションのチャンスが生まれやすくなっており、世界中の顧客を取引対象とするビジネスのゲームチェンジが始まっています。このようなデジタル時代に革新することができない企業は、その企業が考えているよりも早く、ビジネスが維持できなくなってしまう日がやって来るかもしれません。

成功者に共通するのは挑戦ですが、挑戦の過程における失敗や挫折は、自然なことであり、時には必要なことでもあります。リスクベースのマインドセットをもとに、どう対応するかで他社との差、そして海外勢との差がつくものと考えられます。

ビジネスとDXの本質

認知バイアスというリスク：指数関数的な成長は捉えにくい

世界が急速に動いている今、どの企業にとっても、DXによってイノベーションを拡大するチャンスがあります。テクノロジーのコストが急速に低下していることや、テクノロジーの劇的な進化により、私たちのコミュニケーションやビジネスの仕方が変わったことで、PC、スマートフォン、クラウド、人工知能、ビッグデータ、アナリティクス、センサーなど、テクノロジーの組み合わせ効果が指数関数的（エクスポネンシャル）な進歩を加速させ、ビジネスと社会に革新をもたらしています。

ただし、新たなものが古いものを大きく引き離していくという指数関数的なリスクは、人間にとって感覚的に捉えることが非常に難しいと言われています。人間の脳は、動物や植物の成長などの自然から学んだ直線的（リニア）な変化や成長に慣れ親しんでおり、合理的な理解範囲を超える指数関数的な増加を理解することが、ほとんど不可能なためです。このように人間が指数関数的な価値の増加を常に過小評価してしまう現象は「指数関数的成長バイアス（Exponential Growth Bias）」と呼ばれます。

この指数関数的な増加の特徴は、最初のうちは穏やかな変化に見えていても、ある時点（ティッピングポイント）を超えると爆発的なペースで変化が加速する点にあります（**図表1-6**）。デジタルという指数関数的なテクノロジーの活用で、大きなビジネスチャンスをつかむことが可能ですが、その一方で認知バイアスにより、このチャンスを逃してしまうリスクがあります。

認知バイアスとは、人の経験や固定観念などの思い込みで市場の変化に気づけずビジネスの方向を見誤るなど、非合理的な行動をとってしまうことを言います。ディスラプションにより既存の製品・サービスがデジタルテクノ

図表1-6　直線的（リニア）と指数関数的（エクスポネンシャル）とのギャップ

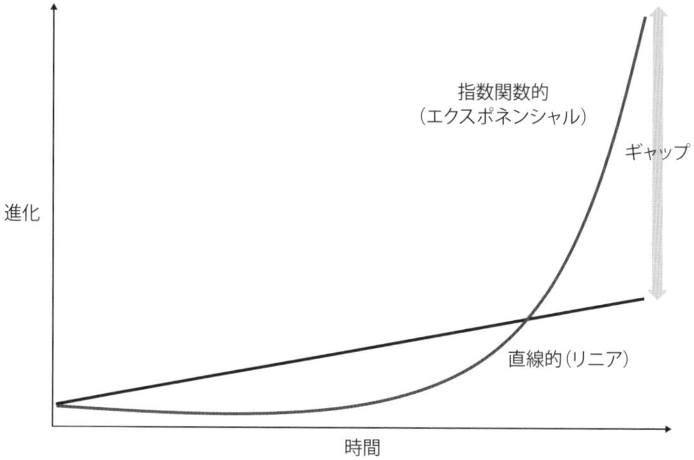

出所：アクセンチュア

ロジーによる高性能・利便性の高いものに凌駕されるような場合、影響を被る側の企業にとっては事業が立ち行かなくなる事態など、極めてクリティカルなリスクとなります。

創業時からデジタルテクノロジーを携えて、市場に進出するようなスタートアップ事業の場合、最初は小さな事業チャンスにしか見えなくても、ある時を境に、猛烈な勢いで多くの顧客数を獲得して、既存の産業構造を破壊するほどの成長を見せる場合があります。あるいは同業他社が、デジタルテクノロジーを採り入れた場合、当初はその進化が目立たなかったとしても、突如として競合企業を圧倒しはじめることがあります。さらに新たなデジタル技術を武器に、世界制覇を目指して競争力を備えた多言語のサービスが、自社の既存顧客へアプローチしてくる日が来ないとは限りません。逆に、日本企業がデジタルを武器に、言語の壁を越えて世界市場へアプローチすることも可能なはずです。

自社のリスク（機会と脅威）に備えて、指数関数的テクノロジーを応用することで、複数業界をクロスした外部とのエコシステムを通して、ビジネスのアンバンドル（解体）・リバンドル（再結束・再定義）・エンハンス（拡張・性能向上・再構築）を試行していく必要があります。

ディスラプションを被る側においては、自社で長年培ってきた歴史や伝統、あるいは優位性の源泉となっていた有形資産（所在地・規模・人員数・設備など）が、短期間でマイナスの資産に塗り替えられるほどのインパクトが起こり、事業存亡のリスクとなり得ます。

なお、ディスラプションへの対策を目的に、DXを進める場合、市場のポテンシャルの見誤りや方向転換する時期を逸しないよう、テクノロジーの選定やタイミングに留意する必要があります。また仮に、指数関数的な成功を遂げるようなビジネスを描いたとしても、常に変化を過小評価するという人間の認知バイアスによる妨害で、現時点で理解を示す人がほぼいない、などの現実に突き当たるリスクも考えられます。

リニアなのか、エクスポネンシャルなのか —— 違いを認知する

ここでは指数関数的テクノロジーの話題が初めての方へ向けて、基本的な情報を解説します。

指数関数的テクノロジーはAI・IoT・ロボティクス・バイオテクノロジー・ナノテクノロジーを含め、さまざまな分野に広がっていますが、これらの技術は数十年の間に着実かつ急速に、性能や価格が改善されてきました（**図表1-7**）。

ビジネスの検討に当たっては、まずリニアな変化なのか、エクスポネンシャルな変化なのか、その成長の違いを的確に捉える必要があります。前述の認知バイアスのとおり、人間の未来に対する直感はリニアな思考の延長にあるため、合理的でない判断をしてしまうリスクがあります。DXを検討する場合には意識的に認知バイアスを外し、指数関数的なテクノロジーが自社の事業環境にどのように影響し、ビジネスの世界がどのように進化・変革していくのかについて目を向ける必要があります。

図表1-7　指数関数的テクノロジー（例）

出所：アクセンチュア

指数関数的成長をビジネスへ応用する

これまでのビジネスの世界では、事業を始めるには最初に資本金を準備して、工場や労働力在庫を揃えた上で、製品流通のため大量の広告や口コミ、販売ルートの確保を必要としてきました。大ヒット間違いなしの画期的な製品であったとしても、広く普及するまでに10年以上の年数を必要としていました。例えば、**図表1-8**に示すとおり、5,000万人へ普及するまでに、自動車は62年、電話は50年ほどの年数がかかっていました。物理的な商品の生産・流通・普及には、原材料と熟練した労働者や、規模の経済を必要としていたため、ビジネスは中長期的なサイクルで運営されてきたのです。

一方、デジタル時代に誕生したビジネスは、無限に複製・再利用が可能なソフトウェア・コードによって、ほぼゼロに近い限界費用で、商品・サービスを生み出すことで、一夜にして世界中へ製品・サービスを広めることが可能となりました。この指数関数的なテクノロジーの進化を説明する法則とし

図表1-8　メトカーフの法則で加速するビジネス

出所：WEF, In the race to 50 million users there's one clear winner-and it might surprise you

て「ムーアの法則」と「メトカーフの法則」が広く知られています。

「ムーアの法則」は、インテル共同創設者のゴードン・E・ムーア氏が、1965年の論文で「マイクロチップ上の半導体の密度が18～24カ月で倍増する一方で、コンピューターの価格は2年ごとに半分になっていく」など、将来的なコンピューター性能の劇的な向上と関連コストの急速な減少を示しました。この法則の予言どおり、ハイテク産業のイノベーションは指数関数的な弾みを見せました。進化の一例として、手のひらサイズのスマートフォンは、初めて人類を月へ送った1969年のアポロ11号のコンピューターと比べて、CPU（PCなどの処理装置：Central Processing Unit：中央演算処理装置）でおよそ1,000倍、メモリでおよそ100万倍の性能を実現したと言われます。

「メトカーフの法則」はイーサネット（有線LANケーブルの規格などで用いられる）技術の開発者であるロバート・メトカーフ氏が「ネットワークの価値はそれに接続する端末や利用者の数の2乗に比例する」と1993年に発表し、ネットワークの価値が、ユーザー数が増えるにつれて指数関数的に増加することを説明したものです。

もしユーザーが数名しかいなければ、やり取りされる情報や用途は大した価値にはなりませんが、インターネットの普及で数十億のデバイスが、各種のネットワークにつながる時代には、計り知れない大きさの価値を生むようになりました。「ユーチューブ（YouTube）」「フェイスブック（Facebook）」「ツイッター（Twitter）」などのSNSは、ユーザーが増えることで付加価値をもたらすネットワーク効果[13]で、あっという間に世界中のユーザーを獲得しました。中でも「ポケモン GO」はわずか19日間で5,000万人という驚異的なユーザー数を記録しました。

世界のインターネットユーザーは40億人以上と言われますが、インターネットの接続性の向上で、近いうちに「ポケモン GO」よりも、さらに早く、数日あるいは数時間で、5,000万人を達成するビジネスが登場する日が来るはずです。

このようなSNSの普及を含めて、数年間で成長を見せたデジタル初期フェーズは、メディア・金融・通信・ハイテク業界を中心としたサイバー空間での価値創造が主流でしたが、次のフェーズは、製造・物流・医療・石油・電気・ガスなど、より裾野の広い産業において、サイバーとリアルがさらに密接に連携することが想定されています。こうした産業分野において、高い技術力や現場力・顧客密着力に強みを持つ、日本の産業界に大きな期待が寄せられています。また脱炭素の目標達成を視野に、スマートエネルギーシステムや、スマートファクトリーにおける日本の技術進化など、官民を挙げた価値の創出も進んでいます。

13　ネットワーク効果（Network Effect）：製品・サービスは同じでも、利用者数が増えれば増えるほど、価値が高まる現象。ネットワーク外部性（Network Externality）とも言う。

企業の成長戦略はテクノロジー前提の時代に

これまでITテクノロジーは、事業成功の一つの要因として見なされてきましたが、今回のパンデミックを通して、もはやテクノロジーなしではビジネスが成立しない時代に入りました。企業はこの環境変化に対応して、成長に欠かせないテクノロジー能力をビジネス成功の前提条件として、早期に構築する必要があります。つまり将来の企業に、何ができるか／できないかは、デジタルテクノロジーとの組み合わせ如何で左右されるため、テクノロジー要素を欠いたビジネス戦略では企業の将来の成長が実現しないほど、テクノロジー前提のビジネスパラダイムへと変化しています。

例えば、AIを活用したビッグデータの分析は、クラウド基盤上で行う手法が一般的になっています。理由はクラウドであればキャパシティ不足のリスクがほぼないためですが、逆にクラウドを導入していない企業は、AIによりビッグデータを分析することは困難です。デジタルテクノロジーの活用を計画しないでいることは、それだけ企業の未来の成長を止めることになります。

また過去の大量生産・大量消費の時代は、同業他社が使うシステムと同じソリューションを導入すれば競争力が保てましたが、今はそのような時代ではなくなっています。各企業は、自社のお客様ニーズを最高のサービスで満たすために、独自に複数のテクノロジーを戦略的に選択することで、他社と異なるビジネス戦略を実現する必要があります。このように企業が採用するテクノロジーの集積を「テクノロジースタック（Technology Stack）」と呼びますが、企業戦略を実現するテクノロジースタックで、企業優位性が決まるため、企業全体のITアーキテクチャー（ITシステムの構成）がかつてないほど重要になってきています。

「製品中心主義」と「顧客中心主義」の違い

従来の多くの企業は、どうすれば自社が売りたいものを、より多くの消費者に買ってもらえるかという「製品中心主義」の視点に基づいて、製品・サービスの優位性に焦点を定め、研究や技術に重点を置いて、業界の縦割り構造の中、製造から流通そしてマーケティングを行うことで、より大規模の事業運営を目指してきました。

しかしデジタルを活用した「顧客中心主義」の企業では、そのベクトルは逆となります。消費者が買いたい多様なモノ・コトを、どのように効率的に作るかという視点で、顧客データを分析し、得られたインサイト（洞察）に基づいて、製品・サービスの開発・提供を行います。事業の中心にカスタマーエクスペリエンス（顧客体験）を据えることで、複数のデータソース（オンライン・小売店・販売担当・消費者ブランド調査・意識調査など）から、顧客が購入に至るまでの多様な経路（認知・誘導・紹介・購入など）に関す顧客データを集めて、仮説検証の分析を行います。

そこから得られた顧客に関するインサイトをもとに、顧客ターゲット戦略を定め、各種のタッチポイント（アプリケーション・ウェブサイト・電話・店頭・営業訪問など）を効果的にカスタマイズしていくなど、主体的で機動的、かつ実効的な顧客アプローチを行います。

多様な製品・サービスが溢れ、飽和状態にある市場の中で、自社の競争力を高めていくことは容易ではなく、企業が競争優位性を競うには、自社独自の差別化を図ることが重要となります。

企業が自社ではなく、競合他社に焦点を当てた場合、競合他社が何かをするまで「待ち」の姿勢になりがちです。しかし企業が、お客様に焦点を当て、ニーズや問題点をより深く理解する顧客志向に変えることで、他社に先駆けて競争優位に立つことが可能となります。

すでに多くの企業は、豊富な顧客データを保有していますが、組織内のさまざまなサイロに隔離され、隠されている状態にあるため、企業はDXを通して、幅広いデータにアクセスできるようにする必要があります。

人間中心のビジネスモデルへの変化

価値観が多様化する時代には、戦略性や論理性だけでなく、感情的知性（EI：Emotional Intelligence）が求められているように、デジタルがもたらすソフト中心のビジネスモデルは、企業側の組織構造や優先度などの都合を優先するものではなく、人間を中心に据えた考え方にシフトしています。

今日の消費者は、自分のことを理解してくれる信頼できるブランドに惹かれる傾向にあります。特にZ世代（1996年から2015年の間に生まれたデジタルが当たり前の世代：2022年に7歳から26歳を迎える）や、ミレニアル世代（1980年から1995年の間に生まれインターネット環境で育った世代：2022年に27歳から42歳を迎える）にとっては、透明性・謙虚さ・誠実さが非常に重要な価値観となっています。

成功しているブランドは、顧客感情を重要視して、顧客をより深いレベルで理解しようと努めています。このような企業はEIに優れており、顧客との真のつながりを築くため、外部環境に敏感で変化に素早く適応し、信頼性や共感を意識した行動をとることで成功を収めています。EIに優れたブランドは、自社の都合やビジネス上の問題よりも、ユーザーの問題を第一に解決することに集中し、消費者の視点から世界を見ることを徹底しています。デジタル時代は「企業の論理」から「顧客の論理」へと移行する時代であり、DXを通して企業は、真の「顧客中心主義」へと進化する必要があります。

しかし「顧客中心主義」の組織を構築するには、従来の産業別・部署別などの縦割り組織の垣根を取り払う必要があります。「顧客中心主義」の組織では、マーケティング・営業・カスタマーサービスが一体となって、顧客体験をつくり上げるため、機能横断的なレイヤー（階層）構造の組織へと再編成する必要があります。

（関連情報「第3章　DXのロードマップ　2. 組織（Organization）：テクノロジーを中心に据える組織の再構成」を参照）

従来の「製品中心主義」と、消費者をより深く理解する新たな「顧客中心主義」との違いは、例えるなら、右利きと左利きほどの違いがあるかもしれません。「顧客中心主義」への変革は、事業活動の大転換であり容易なことではありませんが、リスクに気づいた企業から、この方向へ舵を切ることが考えられます。どのように「顧客中心主義」へと変革し、業績を伸ばし続けるか、これはDXを通して、組織全体で取り組むべき大きな課題の一つです。

デジタルで収益を実現
── SDGs・脱炭素・サーキュラーエコノミー

「サステナビリティは、新たなデジタル領域（Sustainability is the new digital）」と言われるほど、SDGsの課題や達成すべき目標の多くは、デジタル無しには解決できません。農業・食糧・医療・介護・教育・金融・観光・人的交流・バリアフリー・格差解消など、SDGsの各分野の目標達成は、デジタルテクノロジーを活用したビジネスモデルと表裏一体の関係にあります（**図表1-9**）。

また脱炭素社会（気候変動問題）もDXと切り離すことができません。グリーンとデジタルは車の両輪と言われるほど、強靭なデジタルインフラがグリーン成長戦略を支える要となります。電力事業では、系統運用の高度化を図るスマートグリッドや、天候により出力が変動する太陽光や風力の需給調整、インフラの保守・点検作業などにもデジタルが貢献します。

輸送事業では、車、ドローン、航空機、鉄道などの自動運行が、人々の利便性向上やエネルギー需要の効率化に貢献し、運輸や流通のカーボンフットプリントを把握することは温室効果ガスの可視化につながります。

工場におけるFA（Factory Automation：コンピューター制御技術を用い

図表1-9　デジタル化によるSDGs達成への貢献イメージ

※ SDGs の目標1（貧困をなくそう）は、他の目標達成を通じて到達可能な最終的なゴールでもある。◎：日本・世界に共通する課題　●：主に世界における課題

分野	日本・世界における課題	ICT ソリューション（例）	想定される効果	SDGs
インフラ	◎インフラの不足 ◎インフラの老朽化 ◎通信容量の不足	・5G ネットワークの整備 ・光ファイバー、光海底ケーブル等の敷設 ・ICT・郵便インフラの質の向上等を通じた生活支援 ・災害に強い強靭なインフラの開発促進	・生活基盤の確保 ・生産性の向上	
農業食糧	●食糧不足、収穫ロスへの対応 ●水不足 ●食の安全性の向上確保 ◎農業生産現場の人手不足	・スマート農業システムを活用した効率的な農業運営（遠隔操作、IoT を活用した情報収集等） ・自律的な生産管理 ・ICT を活用した需給管理	・生産性の向上 ・食品廃棄ロスの削減 ・食の安全・栄養改善 ・水の利用効率の向上	
医療介護	●医師不足等に伴う死亡率の高止まり ◎糖尿病・がん・心臓病等の増大	・遠隔医療による医療機会の提供 ・センサー等を活用したモニタリングや診断、予防医療・予兆検知 ・AI・IoT・ビッグデータを活用した医療診断システムの開発	・医療格差の是正 ・死亡率の低減 ・医師負担の低減	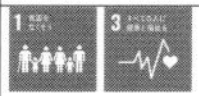
教育	●貧しい国・地域における不十分な教育環境、初等教育の未就学児の増大 ◎地理的又は経済的事情による高等教育の機会の不均衡 ◎技能・ノウハウの継承	・遠隔教育システムを通じた教育機会の確保 ※ MOOCs の実用化事例［Udacity（米国）、edX（米国）、Coursera（米国）、JMOOC（日本）等］ ・高精細映像やインタラクティブな質の高い教育コンテンツの提供 ・AI を活用した個別教育プログラムの提供、リカレント教育の実現 ・技能・ノウハウのデジタル化	・教育格差の是正 ・人材交流の促進 ・人材育成の促進	
都市地域	◎高齢化の進展 ◎人口増加に伴う都市への人口集中 ◎社会インフラの維持管理 ◎電力・エネルギーの不足	・自動運転・航空交通システム高度化による移動機会の提供 ・ICT を活用した買物等の生活支援 ・AI・IoT・ビッグデータを活用した基礎インフラと生活インフラ・サービスの効率的な管理・運営（スマートシティ） ・中小企業による AI・IoT・ビッグデータの活用 ・ICT を利用したエネルギーマネジメント	・都市・地域のサステナビリティ確保 ・生産性の向上 ・社会インフラの自律化 ・再生可能エネルギーの利用拡大 ・エネルギー効率の向上	
基盤生活	●身元証明基盤の未整備 ●市民登録の不徹底、無戸籍児の存在 ◎所得格差	・国民 ID システム（出生登録・管理、身元確認等） ※国民 ID システムの実用化事例［Aadhaar（インド）、eID/X-road（エストニア）等］ ・生体情報を活用した認証基盤による公共サービスの提供 ・ICT を活用した就業マッチング	・生活基盤の確保 ・経済・社会活動の可視化 ・公共サービスの効率化	
金融	●決済等の金融サービスの供給が不十分 ●金融システム基盤の不備 ◎不正送金への対応	・金融サービス向け基幹業務システム ・ブロックチェーンを用いたマイクロペイメント・キャッシュレス基盤 ※少額決済システムの実用化事例［M-Pesa（アフリカ）、グラミンフォン（バングラデシュ）等］ ・デジタル情報でカスタマイズされたサービスによる消費促進	・資金の有効かつ効率的な配分、投資促進 ・金融安定の維持	
防災環境	◎自然災害の増加 ◎災害による甚大な被害 ◎工業化の進行による生態系の破壊 ◎森林・水産資源の維持管理	・衛星・ドローン・センサーを活用した情報収集・災害情報の配信 ※災害情報共有システムの実用化事例［L アラート（日本）等］ ・AI・IoT 等を活用した各種災害の観測・予知 ・自動運転・ドローンによる自動救急 ・AI・IoT・ビッグデータを活用したモニタリング・資源管理	・災害被害の抑制、早期復旧 ・災害による死亡数の抑制 ・生態系の回復	
観光人的交流	◎観光客が一部地域に集中 ◎交流やコミュニティの分断	・放送コンテンツを通じて地域の魅力を発信し、インバウンドを拡大 ※多言語音声翻訳システムの実用化事例［VoiceTra（日本）等］ ・多様な情報へのアクセス、AI を活用した多言語翻訳システム	・地方創生 ・社会的包摂の実現	
バリアフリージェンダー	◎高齢化による労働人口の減少 ◎都市への労働力集中 ◎ジェンダーバイアス	・テレワークによる就業機会の提供 ・ロボット・AI を活用した労働代替や障がい者支援 ・労働者と職業訓練や教育サービスとのマッチング ・ICT を活用したメンタリングシステム	・労働生産性の向上 ・多様な人の就業機会増 ・人材配置の最適化・改善	

出所：総務省「デジタル変革時代の ICT グローバル戦略懇談会」資料 https://www.soumu.go.jp/johotsusintokei/whitepaper/ja/r01/html/nd122230.html

た工場の自動化）や、ロボットによる製造の自動化は進展しており、管理数値の可視化によるあらゆる省エネ対策（設備単位のエネルギー・空調・照明・流量・圧力・液面・生産効率性などの管理）を講じることが可能となっています。

大規模で複雑なサプライチェーンを持つ企業は、上流と下流のカーボン排出量データを把握する必要がありますが、企業にとってデジタルデータによる排出量の可視化は、ESG管理はもとより、労働環境の管理や倫理的な労働条件の改善促進などにも価値をもたらします。

将来的に、サステナビリティ関連のデータは、業務プロセスに組み込まれ、企業戦略の核となることが予見されています。企業のトップライン（売上高／営業収益）とボトムライン（当期純利益／最終損益）に、グリーンライン（環境への取り組みを示す数値）が加わることで、DXはますます重要な役割を果たすことになります。

またデジタルコアを基盤とした強靭なインフラとデータは、企業のサーキュラーエコノミー（Circular Economy：循環型経済）[14]を加速させ、全事業を通した資源の最適化にも貢献します。

産業界のイノベーションを促進する

サーキュラーエコノミーへの移行にあたっては、仮想空間上に事業の機能・プロセスを複製することで、可視化やシミュレーションが可能となるデジタルツイン[15]の技術が期待されています。中でも次世代デジタルツインと言われる「バーチャルツイン」[16]はリアルタイムで事業プロセス全体などを仮

14　サーキュラーエコノミー：原材料調達や製品設計の段階から資源の廃棄物ゼロを目指すことでエネルギー消費と経済成長の両立を目指す経済モデル。廃棄が前提とされていた製品や原材料などを新たな「資源」として調達・生産・消費・廃棄の各ライフサイクルで再活用することで廃棄物を出さずに資源を循環させるサイクルを目指す。

15　デジタルツイン：物理的に存在するオペレーションやシステムをデジタル上にツイン化（仮想レプリカを複製）することで包括的な可視性のもと無制限のシミュレーションで安全に実験し意思決定に役立たせる。物理オブジェクトから機械の部品システムプロセスまたはライフサイクル全体に至るまで多様な範囲に適用される。

図表1-10　5つの主要産業におけるユースケース

1. 建設業界・都市開発業界：
メンテナンス、計画、機能性能試験などにかかるコストやエネルギー消費量の削減により、運用コストを2,880億ドル（約37兆円）、カーボンフットプリントを6.9Gt削減できることが見込まれています。これらを可能にするバーチャルツイン技術は、すでに市場で提供されています。

2. 食品・消費財業界：
バーチャル空間でプロトタイプを作成することで、実際の物理的検証を減らして、開発を素早く進めることが可能となります。この新たな開発手法の適用で、原材料および開発コストを1,370億ドル（約18兆円）、カーボンフットプリントを281Mt削減することが見込まれています。

3. 自動車・輸送機械・モビリティ業界：
CO_2排出量削減のため、自動運転車の製造に関する主要企業は、すでにバーチャルツインを活用していますが、さらなるバーチャルツインの活用により、自動運転車の開発や、車両プロトタイプのテストにおいて、産業全体で6,900億ドル（約90兆円）のコスト削減と、230Mtのカーボンフットプリントが回避できることが見込まれています。

4. ライフサイエンス＆ヘルスケア業界：
医薬品製造の工場業務にバーチャルツインを導入することで、環境面で大きな恩恵を受けることができます。生産プロセスのシミュレーションにより、運用費用の削減に伴う売上原価1,060億ドル（約14兆円）の削減と、生産時の温室効果ガスの排出量削減による61Mtのカーボンフットプリントの削減が見込まれています。

5. ハイテク業界：
機器の再生・再利用を増やすことで730億ドル（約9.5兆円）の追加収益と、非公式に処理されている電子廃棄物（E-waste）の処理方法の改善で36Mtのカーボンフットプリントの削減が見込まれています。製品設計者によるバーチャルツイン技術を活用したサーキュラーエコノミーの実践で、廃棄物管理におけるE-waste問題への強力な対策となります。

想空間上に複製する生きたモデルとして企業のサステナビリティを促進しています（**図表1-10**）。

バーチャルツインの導入メリットは数多くありますが、例えば新規の製品開発のプロセス設計・テスト・モデル化の高速化による市場投入までの大幅な時間短縮や、複雑なDXプロジェクトのシミュレーションによる開発に関するリスクの大幅な削減など、あらゆる業界のコスト削減や業務改善に貢献しています。バーチャルツインは世界の電気自動車開発の85%、世界の風力発電の75%以上に導入されているほか、電気炉や、世界初のソーラー飛行

16　Designing Disruption: Virtual Twins and Sustainability, 2021, Accenture / Dassault Systemes
https://www.accenture.com/_acnmedia/PDF-147/Accenture-Virtual-Twin-and-Sustainability.pdf#zoom=40

図表1-11　将来に向けて取り組むべき5つの優先事項

1. **テクノロジーとサステナビリティの目標の明確な連結**
（各々の目標を分断しない）
2. **自社の課題に関する理解度の向上**
3. **破壊的な変革をもたらすソリューションの特定**
（効率化だけでは達成は困難）
4. **導入失敗リスク回避のための検証**
（新しいソリューションに対する注意）
5. **エコシステムによるサポートの結集**
（複数のパートナー企業・機関との連携構築）

機、新しいバイオマテリアルなどの分野においても、画期的なサステナビリティの取り組みに活用されています。

バーチャルツインが最も注目されるのはサーキュラーエコノミーへの貢献で、設計の時点から部品・製品の再利用を計画することで、プロダクト・ライフサイクルから廃棄物を大幅に削減することを可能とします。

仮に産業界・政府・社会がバーチャルツインを導入した場合、2022年から2030年までの間に1.3兆ドル（約169兆円）の経済価値と7.5Gtのカーボンフットプリントの削減が予測されています。

この動きは2030年までに実現すべきSDGsの達成にもつながり、気候変動の危機に対処するために重要です。バーチャルツインはさまざまな産業のオペレーション革新と事業再構築に貢献することが期待されています。

産業全体でバーチャルツイン技術の導入を加速させるために、企業には**図表1-11**のようなアクションが推奨されます。

第2章

DXの戦略的条件

——成功パターンを認識する

パンデミックが企業業績に与えた影響

DX成功のパターンを知る
──アクセンチュアによる調査の概要

DXを始める企業にとって、先行する事例やベストプラクティスは、自社のDX成功のシナリオを描く上で役立ちます。

「コロナ流行前（2019年実施）」／「コロナ流行以降（2021年実施）」の2度のタイミングで、アクセンチュアは世界の企業のトップマネジメント（C-suite Executives[1]のみ）を対象にテクノロジー戦略がビジネスパフォーマンスに与える影響について調査を実施しました。

- 初回の調査は「コロナ流行前（2019年実施）」にテクノロジー戦略がビジネスパフォーマンスに与える影響を把握するため、20業種25カ国の8,300人以上のトップマネジメントを対象に調査を行いました。
- 2回目は「コロナ流行以降（2021年実施）」にパンデミックが企業のテクノロジー戦略やビジネスパフォーマンスに与える影響を調査するため、20業種25カ国の4,300人以上のトップマネジメントを対象に実施しました。

回答したトップマネジメントは、IT部門とビジネス部門の担当役員が各々半数でした。年商10億ドル（約1,300億円）以上の企業が8割を占めており、企業の情報システム全般に関する調査としては最大級の規模

1　C-suite Executives：CEO（最高経営責任者）やCIO（最高情報責任者）など、グローバル企業の経営を司るトップマネジメント（経営陣幹部）。
なお調査回答者の内訳は、IT側の役割を持つトップマネジメントが50%、非ITの役割を持つトップマネジメントが50%であった。

になります[2]。

DX先進企業と出遅れた企業との差が拡大

調査で際立っていたのは「DX先進企業」と「出遅れた企業」の成長速度の違いでした（**図表2-1**）。

2度の調査タイミングのうち、コロナ前に実施した初回の調査では「DX先進企業（Tech Leaders：サンプルの上位10％）」が「出遅れた企業（Laggards：サンプルの下位25％）」よりも2倍以上の高い業績を上げていましたが、パンデミック中の2回目の調査では、その差が2倍から5倍へと拡大していました。

- 初回の調査で「DX先進企業」が組織全体を通したDXの実施により、ビジネス全体のパフォーマンスを転換して「出遅れた企業」の2倍のスピードで収益を伸ばしていることがわかりました。
- 2回目の調査で、パンデミックによる社会環境の変化が「DX先進企業」の成長を大きく加速させ、「出遅れた企業」との差を拡大していたことがわかりました。厳しいビジネス環境にもかかわらず「DX先進企業」は5倍のスピードでさらに収益を成長させていました。

計2回の調査を通して、テクノロジー導入で恩恵を受けた企業とそうではない企業との差が顕著に出る結果が確認されました。

2　Make the leap, take the lead: Tech strategies for innovation and growth, Accenture
https://www.accenture.com/_acnmedia/PDF-153/Accenture-Make-The-Leap-Take-The-Lead-Report.pdf

図表2-1　DX先進企業と出遅れた企業との成長ギャップはコロナ禍で拡大

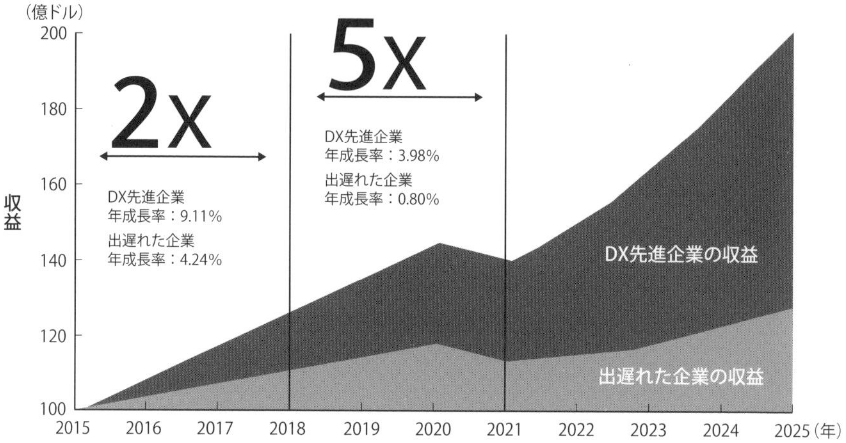

注：パンデミックによる収益成長率の低下は「DX先進企業」が▲55%、対して「出遅れた企業」は▲80%であった。「DX先進企業」と「出遅れた企業」の2つのグループの平均収益成長率の調査結果をもとに、2014年末に売上高100億ドル（約1兆3,000億円）の「DX先進企業」と「出遅れた企業」をモデル化。実現値は2019年および2021年の当社調査から入手した調査回答を使用。予測値は調査回答者に「いつ頃パンデミック前レベルの収益成長率に戻ると予想するか」を尋ね、5年間のCAGR（2015—2019）をパンデミック前の収益成長率とした。回復期間中は収益成長率が直線的に上昇すると想定。
出所：アクセンチュア

「DX先進企業」はテクノロジーへ投資を倍増

「DX先進企業」はパンデミックの間でもテクノロジー投資を控えることはなく、むしろ強化していました。調査から「DX先進企業」のうち7割が、クラウド・セキュリティや、ハイブリッドクラウド、そしてIoTへの投資を推し進めていたことがわかりました（**図表2-2**）。結果的に、「出遅れた企業」の2倍であった収益成長率の差は、2回目の調査で5倍に拡大していました。

調査対象の全企業のテクノロジー採用率も2019年から2021年にかけて飛躍的な伸びを見せていたことから、パンデミックが新技術への投資を加速させたことがわかります（**図表2-3**）。しかし「出遅れた企業」の多くはイノベーションというよりも、事業継続を目的として、やむなくデジタルへ投資し始めた状態でした。ある大手銀行のCOOはこのように説明しています。“パン

図表2-2　DX先進企業のテクノロジーへの投資

72%	68%	70%	59%	60%
の「先進企業」が、クラウド・セキュリティへの投資を加速したと回答	の「先進企業」が、ハイブリッドクラウドへの投資を加速したと回答	の「先進企業」が、IoT技術への投資を加速したと回答	の「先進企業」が、AIと機械学習への投資を加速させたと回答	の「先進企業」が、ロボティック・プロセス・オートメーションへの投資を加速したと回答

出所：アクセンチュア

図表2-3　テクノロジー採用率

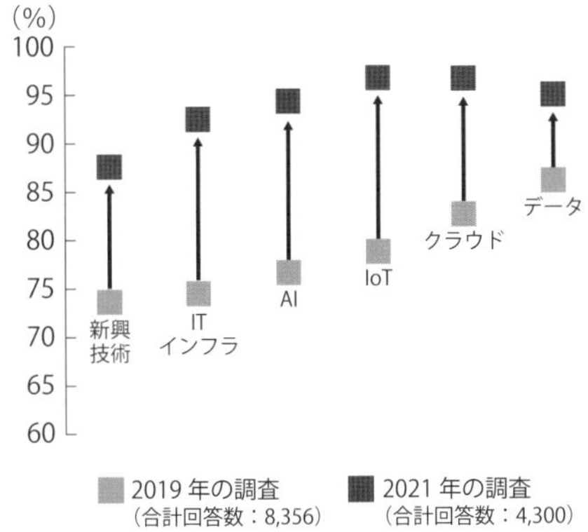

先端技術（エマージングテック）：
ブロックチェーン、エクステンデッド・リアリティ、オープンソース、3Dプリンティング、ロボティクス

ITインフラ：
DevSecOps、サーバーレスコンピューティング、クラウドネイティブアプリケーション、コンテナ、docker、kubernetes、マイクロサービスアーキテクチャ、分散ログ／イベントハブ、リアクト／イベントドリブンアーキテクチャ、FaaS

AI：
深層学習、機械学習

IoT：
モノのインターネット、エッジ／フォグ・コンピューティング

クラウド：
SaaS、IaaS、PaaS、ハイブリッドクラウド

データ：
データレイク／リポジトリ、ストリーミング／リアルタイムデータ、ビッグデータアナリティクス

出所：アクセンチュア

デミック期間のIT予算は、銀行業務の変革というよりも、主として業務の維持・運営に費やされていた”。この回答から多くの日本企業の当時の状況が想起されます。

調査では「DX先進企業」と「出遅れた企業」の分析モデルをもとに両者の成長を比較しました（**図表2-1**）。「DX先進企業」が「出遅れた企業」を引き離す一方、追いかけるポジションの「出遅れた企業」はパンデミック前の

成長率への回復に時間を要する状況が予測されました。

DX先進企業はすべてのステークホルダーに価値をもたらす

「DX先進企業」はデジタルテクノロジーの導入に加えて、多様な価値創造にも投資していました。これはDXが重要な戦略的事項にもインパクトもたらす全社的なトランスフォーメーションであることを示しています。

多様な価値の創造とは、企業文化の再構築をはじめとして、組織全体にデジタルを浸透させるための人材の再教育やスキルアップの促進、業務におけるエクスペリエンスや福利厚生・メンタルヘルスの向上、顧客のデータ主権やプライバシーの確保、エコシステムパートナーとの価値創造、デジタルテクノロジー提供によるイノベーション促進、デジタル活用による顧客エクスペリエンスの向上など、多角的にもたらされた非財務的な付加価値を指します。

パンデミックが深刻化する中でも「DX先進企業」が革新的なテクノロジーへの投資を増やしただけでなく、従来の優先事項を超えて、ステークホルダーに向けた新価値の創造に努めていたことは特筆に値します。

調査によると「DX先進企業」の70％はパンデミック期間にも研修に積極的に投資をしていました。その多くは自社の持続的な価値創出を実現するための、アジャイル（機敏）でコラボレーティブ（協力的）な組織への変革を目的としていました（**図表2-4**）。

DX先進企業は最新のユーザーエクスペリエンス（UX）の提供に注力

「DX先進企業」が顧客や従業員との一層の効果的なコミュニケーションを目的に、最新のユーザーエクスペリエンス（UX）の提供に注力していたことも注目すべき点です。パンデミックを通して、ほぼすべての業界がバーチャル空間でのビジネス展開を求められましたが、中でも「DX先進企業」は、い

図表2-4　具体的な目標や活動を達成した企業の割合

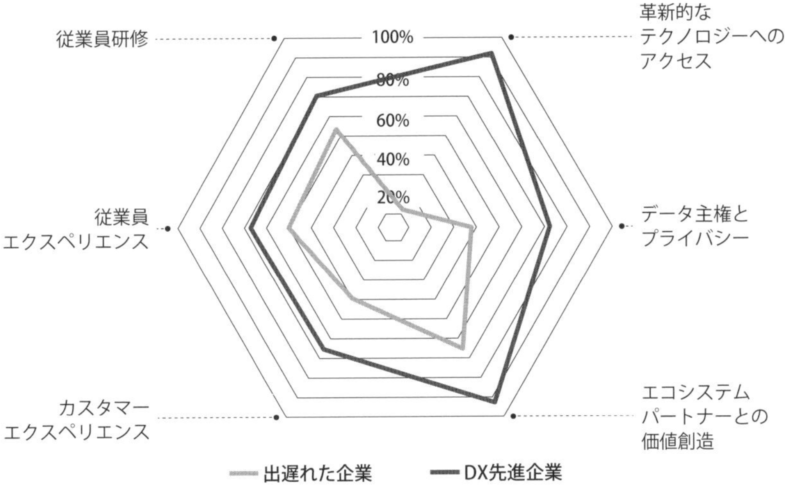

出所：アクセンチュア

ち早く新しい体験を創造することを目標に、最新のユーザーエクスペリエンスの提供に注力していました。

新しいデジタル体験と従来と変わらない取引体験を融合させることで、安全でシームレスなサービスを提供する企業もありました。

金融サービス分野では、スマートフォンで小切手発行や後払い決済ができるよう、モバイル・バンキングの強化が活発化しました。米国の銀行であるJPモルガン・チェースでは企業から発信するコミュニケーションにインスタグラムを活用して、アプリストアへダウンロードを誘導するなど、モバイルを介したコミュニケーションを強化しました。

自動車メーカーではコロナウイルスの拡散を防ぐため、オンラインチャネルでの自動車販売が始まりました。例えば中国自動車メーカーのジーリー・オートモービル・ホールディングス（吉利汽車集団）は、ドローンを使って「鍵の受け渡し」を行うことで完全な非接触体験を実現しました。

米国に本社を置く世界最大の家電量販店ベスト・バイ（Best Buy）では、

EC（Electronic Commerce：電子商取引）経由での注文処理能力を拡大するため、店舗自体をオンライン・フルフィルメントセンター（物流拠点）に変えることで、ほぼ全店における商品の即日配送を実施しました。

従業員に対する革新的なデジタルエクスペリエンス（体験）の提供に、多くの「DX先進企業」が力を注いでいる傾向が見られました。デジタル活用による「従業員の福利厚生を優先した柔軟な勤務形態の提供」について「意欲的」と回答した「DX先進企業」は65％、「出遅れた企業」は43％でした。従業員のエクスペリエンス向上への投資も、企業が提供する価値の一つとして重要となっています。

「リープフロッグ型企業」は「出遅れた企業」の4倍のスピードで成長

デジタル時代の勝者として「DX先進企業」だけが市場を総取りする時代に移行していたかと言えば、実際にはそうではなく「DX先進企業」と「出遅れた企業」のほかに、パンデミックの危機をチャンスに変えて、加速度的に成長し、DX先進企業に追いついた一定数の企業が存在していました（**図表2−5**）。

私たちはこの企業グループを「リープフロッグ型企業（Leapfroggers)」と名付けました。2020年のパンデミック時期に、調査企業全体の平均売上高に対して「DX先進企業」の成長率は2倍でしたが、この「リープフロッグ型企業」は4倍もの成長率を見せました。

一般にリープフロッグとは、既存の技術を経ることなく一足飛びに最新の技術に到達することを意味します[3]。「リープフロッグ型企業」は自前で高価なITシステムやプラットフォームの構築をせず、パブリッククラウドの活用や他のスタートアップ企業との提携で、ゼロからシステムを構築するといった通常の段階をすべて飛び越していました。MAG（Microsoft Azure・

図表2-5　リープフロッグ型企業の割合

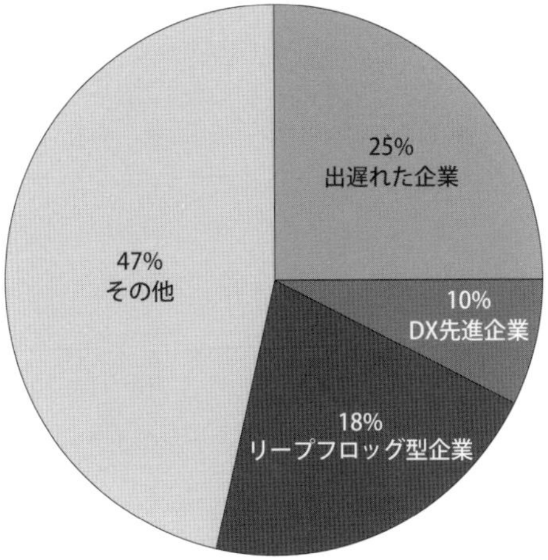

出所：アクセンチュア

AWS・Google Cloud）と呼ばれるクラウドハイパースケーラーが提供する世界的な技術力を即座に利用して、パワーと柔軟性のあるクラウドベースのシステム構成を活用し、他社の製品やアイデアを積極的に取り入れるため、エコシステムを通じてイノベーションを達成していました。

調査によると、「リープフロッグ型企業」の約9割が自前主義とは対極の「オープンイノベーション」志向でした。セカンドムーバー（二番手）としての優位性を理解して、他社から学び、他社と協働することで、自社のDXを一気に達成していました。

また「リープフロッグ型企業」は全組織にアジリティ（機敏性）とスケーラビリティ（拡張性）を実現するために、組織の全プロセスへITシステムを適用し、同時に戦略的な組織変更も推し進めることで、パンデミックの受難期を成長期に転換し、業績の急上昇を示しました。

3　リープフロッグ：カエルが一足飛びにジャンプするように大幅なステップアップを遂げる様子はリープフロッグ（カエル跳び：本来の英語の意味は馬跳び）現象と呼ばれる。

図表2-6　クラウド移行によるイノベーション予算の確保（費用対効果の向上）

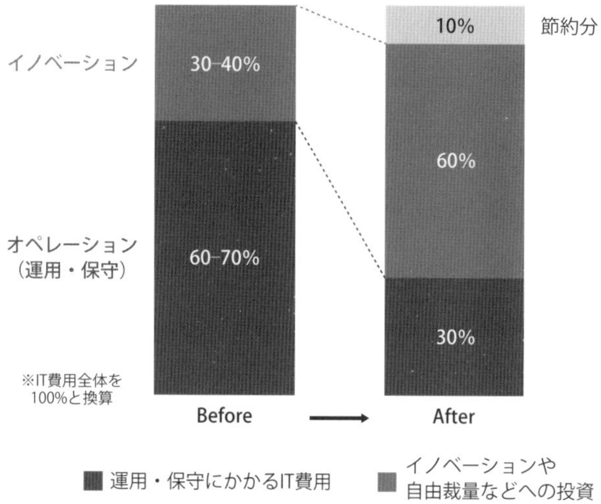

出所：アクセンチュア

IT予算の配分を変えてイノベーション投資へ組み替え

世界中のクライアント企業とのパートナーシップを通じて、アクセンチュアは、多くの企業のIT予算の配分割合が、オペレーション（運用・保守）に60～70%、イノベーションに30～40%の割合で充てられている状況を認識しています。この割合はレガシーシステムの運用・保守に要する人的なコスト負担の高い状況を表しています。しかしクラウドへIT資産を移行することでシステム運用の負荷・コストを削減し、そのオペレーション予算の大幅な削減分をイノベーション投資へ回すことによって、システムの費用対効果を向上させることが可能です（**図表2-6**）。

クラウド移行で、オペレーション予算からイノベーション予算へ大幅な組み替えが可能な幅を、アクセンチュアは「フリップサイズ（Flip Size：反転幅）」と名付け、この指標をもとに2017年以降、世界の企業のIT予算の内訳を追跡しています。調査によると「DX先進企業」はいち早く「反転（フリップ）」を実行してクラウド移行によるコスト効率化に取り組んでいました。その「DX先進企業」に続いて「リープフロッグ型企業」もIT予算の「反転」を実行していました。

「リープフロッグ型企業」の2つの強み

DX先進企業とリープフロッグ型企業の成功要因 ──「攻めと守りの両立」

パンデミックの間、企業の多くは緊縮財政を選択しましたが、「DX先進企業」と「リープフロッグ型企業」はイノベーションに必要な資金を自前で調達して無駄を省きながら、「出遅れた企業」よりも資本効率性を高め、自社が創出するビジネス価値の最大化に注力していました。

「DX先進企業」や「リープフロッグ型企業」の成功の一因は、いわゆる攻めと守りの両面を実行していたことにあります。「攻め」とは自社の強みを生かしつつも、まったく新しい領域のイノベーション（新興事業）に取り組むことであり、「守り」とは自社の既存事業（成熟事業）への取り組みを言います。「攻め」に必要な組織能力はスピードや柔軟性・ミスへの耐性ですが、その一方で「守り」には漸進型の改善や堅牢性、厳格な業務遂行能力などが必要であり、両者の組織能力にはエクスポネンシャルな成長を目指す「攻め」とリニアな成長を維持する「守り」という大きな違いがあります。「攻め」と「守り」という相反するリソース配分を取り仕切って事業を推進していくには、経営トップの戦略的な意思決定が大きく関わることは明らかです。

調査によると「DX先進企業」や「リープフロッグ型企業」は、変化の速い時代に合わせて、早い段階から変革を志向していました。まず「DX先進企

図表2-7　IT投資額に占めるイノベーション資金の割合

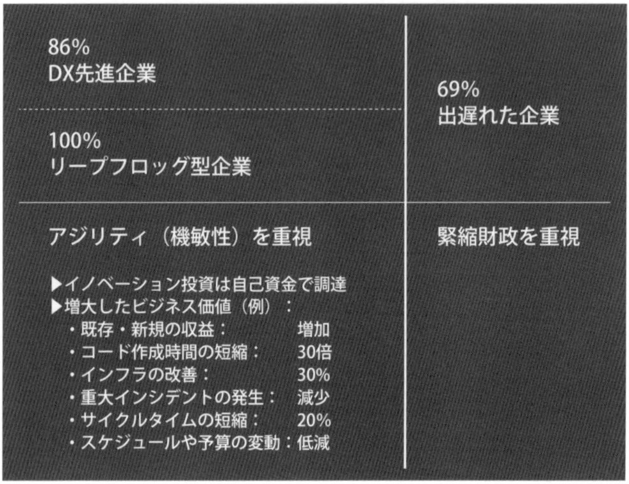

出所：アクセンチュア

業」はパンデミックが起こる前からDXに着手して、テクノロジーによる大規模なイノベーションへの革新を始めていました。そのためパンデミックの際にはすでに危機を乗り越えるには適した状態にあり、結果として「DX先進企業」は「出遅れた企業」よりも強く・早くコロナ禍の環境から立ち上がることができました。

そして「DX先進企業」と「リープフロッグ型企業」は共に、DXに必要なコストを、既存コストから再配分することで「固定費」から「裁量的な支出」へと最適化し、IT組織を「コストセンター」から「イノベーションを可能にする組織」へとシフトさせました。

また「DX先進企業」はIT投資額の86%をイノベーション資金へ組み替えていましたが、「リープフロッグ型企業」はIT投資額の100%をイノベーション資金に強力に投じていました（**図表2-7**）。

IT投資の配分を反転させイノベーション投資に必要な資金を確保できるようにする「フリップサイズ（Flip Size：反転幅）」の活用は、企業が安全にDXを推進するための一つのアプローチです。

イノベーションはモノマネとの掛け算
——心理的安全性の高い組織が必要

「イノベーション（Innovation）」という言葉は「技術革新」という日本語訳で、技術の発明という意味合いに誤認されることがあるようです。しかし、イノベーションを提唱したシュンペーターが「経済発展の理論　独語2版(1926年)」において「新結合（Neuen Kombinationen：New Combination)」という概念で説明したように、イノベーションは既存の考え方や理論、アイデアを模倣して「新たな組み合わせ」を「新結合」することであり、必ずしも新発明を起こすことではないことに留意が必要です。組み合わせたことのない要素を組み合わせることで、新しい価値を創造することは、多くの日本企業にとって日常的な発想に近いと思われます。

組織の外から知見を取り入れることで、新たな価値の創造を図る「オープンイノベーション」や、既存の事業や製品に手を加えて、新たな価値を見出す「リノベーション」も、発想を転換する模倣の掛け合わせです。アップルやグーグルも模倣をしながらイノベーションを生み出したと言われます。黎明期の事業領域では、後から参入した企業が模倣をすることが付加価値を増して、事業の差別化を図る重要なイノベーションになるということです。

あり得なかった組み合わせでヒットを生む、といった創造的な発想の転換は、アイデアを気軽に出し合える職場文化を必要とします。「心理的安全性」という言葉のように、自分の思ったことを言えたり、わからないことを聞けたりするような、風通しのよい組織文化もDXに必要です。逆に堅苦しく風通しが悪いなど「心理的安全性」の低い組織では生産性も低い傾向にあると言われます。フラットな組織文化や発想を転換する新しい働き方なども、DX推進の重要な要件となります。

3R戦略のアプローチ
――どう始めるかが、どう勝つかを決める

DX先進企業は変化を受け入れる

「DX先進企業」や「リープフロッグ型企業」のように迅速に意思決定し行動する企業が、成長性・機敏性・復旧力（グロース・アジリティ・レジリエンス：Growth・Agility・Resilience）を向上させていました。調査を通して、DX成功には、大胆で広範囲のDX戦略が重要であることがわかりましたが、多数のエビデンスをもとに、浮き彫りとなった要点を下記にまとめます。

1. 「DX先進企業」は「出遅れた企業」に比べて成長性・競合優位性を高めたことで、コロナ禍においては5倍の速さで成長していた（2015年から2017年の間は2倍の速さで成長）。

2. 「DX先進企業」の過半数はイノベーションのためのテクノロジー投資を劇的に増やした結果、広範な価値創造につなげることができていた。

3. 一気に進化した「リープフロッグ型企業」は企業平均の4倍の速さで成長したが、その要因は「クラウドベースのシステム構成」と「企業全体を通したDX実施」にあった。

以上から3つの戦略的必須条件を導き出しました（**図表2-8**）。3つの条件は「Replatform：プラットフォーム再構築」「Reframe：戦略の再考」「Reach：広範な価値創出」の各々頭文字をとって“3R戦略”と記載します。

「DX先進企業」と「リープフロッグ型企業」は“3R戦略”によるアプローチで優位かつ最適にDXを推進していました。3R戦略は「第1段階」「第2段

図表2-8　3R戦略のアプローチ

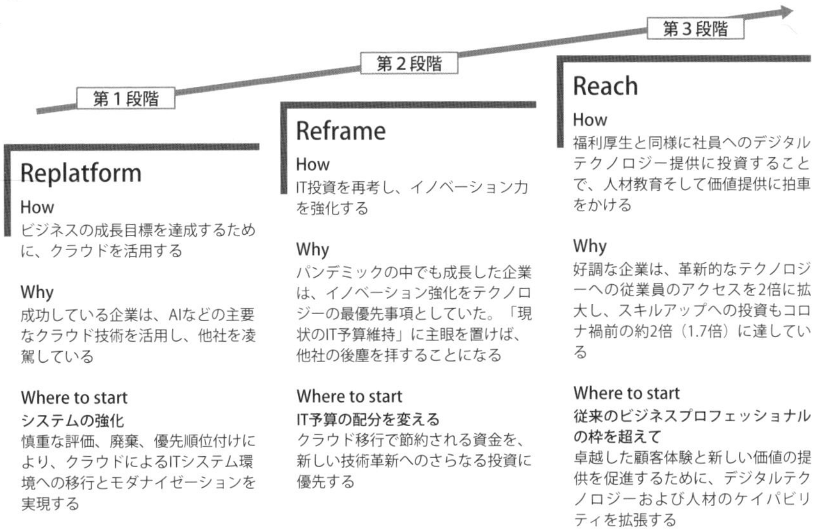

出所：アクセンチュア

階」「第３段階」の順に実施することで効果を発揮します。

“3R戦略”のアプローチは、パンデミックを通して成長した企業の成功パターンですが、今後の環境変化が加速する時代においても、引き続き有効と考えられます。

3R戦略のアプローチ——戦略的必須条件

戦略的必須条件1：プラットフォーム再構築（Replatform）

デジタルを駆使したイノベーション創出のための大規模クラウド移行

クラウドへの移行を加速させることでITシステムの概念を根本から見直します。クラウド移行の際には、レガシーシステムの維持管理コストである固定費を、クラウド利用の変動費へ置き換えることでIT予算を削減します。

【アプローチ】

◆大規模なクラウド移行で、強靭なシステム能力を構築するため、慎重な評価や優先付けを通して、IT全体のモダナイゼーション[4]を行う。

【DX成功企業の動向】

▶DX先進企業は共通してプラットフォームを再構築（Replatform）しており、各システムに対する慎重な評価と優先付けを通して、大規模なクラウド移行によりIT全体のモダナイゼーションを行っていた。

▶既存の基幹システムをクラウドへ移行し再構築することで、変化に強い強靭なシステム構成を強化していた。長年使用した既存システムの仕様が複雑化・ブラックボックス化することで、新しいデジタルテクノロジーと連携できないことがDXの足かせとなるため、デジタルテクノロジーを駆使することが可能なクラウドのシステム基盤をイノベーション創出のため確保。

戦略的必須条件2：戦略の再考（Reframe）

IT予算の固定費から変動費へ組み替え、自己資金で賄うDX

新たな価値創造と成長のため「イノベーション予算への大幅な組み替えが可能な幅（Flip Size：反転幅）」を活用します。

【アプローチ】

◆レガシーの運用維持から、イノベーション重視へシフトする。

◆イノベーションへの予算配分を増やし、パートナー企業やプラットフォームとの連携を強化する。

4　モダナイゼーション（Modernization）：近代化・現代化という意味で、IT分野では企業の情報システムで稼働しているソフトウェアやハードウェアなどの稼働中の資産を活かしながら最新の製品や設計へ置き換えることを指す。旧来のブラックボックス化しているレガシーシステムから、近年の新しいITアーキテクチャーやテクノロジーで作り変えることで、コスト削減や変化への適応力が向上。

【DX成功企業の動向】

▶プラットフォーム再構築（Replatform）の次の段階は、イノベーション創出へのシフト（Reframe）。

▶IT固定費を変動費（クラウドの従量課金など）に組み替え、自己資金をイノベーションへ継続的に充当するというコストの最適化により、イノベーション投資への資金調達に対処していた。

戦略的必須条件3：広範な価値創出（Reach）

幅広いステークホルダーに向けて新たに創出した価値を提供

従業員のスキルアップ・福利厚生・顧客体験の向上など、非財務的なビジネス目標を含む、広範な価値を創出します。

【アプローチ】

◆企業全体を通したDXにより、デジタルテクノロジーへのアクセスを拡大することで、多様な企業価値を創出する。

【DX成功企業の動向】

▶従業員がデジタルテクノロジーを活用することで、ESG／SDGsなどの非財務的なビジネス目標へのリーチ（Reach）を図り、マルチステークホルダー（顧客・従業員・株主・投資家・地域社会）へ向けた価値を提供することが、持続的な経営を支える。

パワーと柔軟性のあるクラウドベースのデジタル基盤

DXに成功した企業は、DX実現までの期間を一気に圧縮したことで、驚くべきスピードでパフォーマンスを上げていました。一方、デジタル基盤を構築していなかった企業は、変化に必要な条件が未整備であったことが弱点となり、より厳しい状況に直面していました。両者の違いを生み出した要因として、真っ先にクラウドベースのシステム構成の有無が挙げられます。

私たちはパンデミック期間のビジネス環境の変化を目の当たりにしましたが、自社とクライアント企業における業務を通して、デジタルテクノロジーの威力について、身をもって認識し、一層の確信を持つに至りました。アクセンチュア自身のケースで言えば98%をクラウドへ移行していたことから、パンデミック期間の新しい働き方とコミュニケーションの方法を迅速に構築し、世界中の従業員の安全や、生産性の確保、世界中のクライアント企業やパートナー企業に対するシームレスなサービス提供を、直ちに展開することができました。

組織のレジリエンス（復旧力）を保ちながら、有事の局面にフレキシブルに順応し、過去にはなかった最新のエクスペリエンス（従業者体験・顧客体験）の提供や、新たなビジネススキームの創出にも果敢に挑戦したことで、社員・クライアント・パートナー企業・地域社会に対する信頼性の維持・向上に努めることができました。

DXに成功した企業は、リスクの中にチャンスを見出した

コロナ禍では世界中の企業に例外なく混乱と逆風が起きました。そのような受難の時期にも技術革新を活用することで、自らの組織改革に切磋琢磨する企業の存在が、調査結果から明らかになりました。

パンデミックの有事に合わせて迅速なピボット（方向転換）ができた組織と出遅れた組織との間には大きなパフォーマンスの差が生まれました。DXに成功した企業はリスクベースのマインドセット（序章を参照）で、デジタルテクノロジーの活用・強化に踏み切り、事業の維持、そして地域社会の経済の維持に努めることができました。

DXに成功した企業は、不確実性というリスク（機会と脅威）に気づき、パンデミックで景気が後退した時にも状況を逆手に取り、自社の課題を解消する期間に充てビジネスチャンスに転換したことで、自社の優位性向上へつなげました。

各企業は事業も進むべき道も異なりますが、混乱を乗り越えて新しい価値創造を実現した企業と、厳しい状況から脱せられない企業との間には、リスクに対する経営姿勢の違いがあります。

リスクに気づかなければリスクは存在しないのと同じであり、対策を打つことができません。どの企業にもDXリスクはあります。持続可能な経営を支えるDXを推進し成功を確実にするために、全社を通じたDXリスクマネジメントは不可欠です。

第3章

DXのロードマップ

——実現アプローチを理解する

DXRiskManagement

DXのロードマップ

統合的な変革アプローチ

DXの工程を知ることは、自社のDXリスクを想定するために重要です。企業の中心にデジタルを据えて、テクノロジーをより大きなビジネス価値実現の土台とするには、あらゆる既存の活動を変革する必要があります。そのためDXの工程は、複雑で多岐にわたる中長期的な取り組みになります。すべての業務にわたる徹底的な合理化から、顧客サービス体験の再定義、そして新たなデジタルビジネスの創出まで、その順序や速度、取り組みのレベルは、各企業の成熟度や重視すべき変革の領域に応じてさまざまです。

このDXという総合的な変革の実行には、過度に急進的なアプローチではなく、企業が安全に変革を達成するための道筋が必要です。安全な変革には組織能力の再構築・再編成に重点を置く必要があります。そのため本書のDXのロードマップは、従来の典型的なIT最適化のみに焦点を当てたロードマップではなく、企業活動全体にわたる統合的な変革アプローチを意図しています。

DXのロードマップは「戦略」「組織」「事業」「技術」「人材」など、企業活動の全領域に焦点を当てることを不可欠としていますが、個々の企業のデジタル成熟度や、目指す変革のケースなどに応じて、DX推進のための順序や速度、取り組みのレベルは異なります。本章のDXのロードマップは、あくまでもDX工程の一例として示すものです。

■戦略：テクノロジー活用による成長戦略
■組織：テクノロジーを中心に据える組織の再構成

■事業：イノベーションのための新しい方法の採用
■技術：最新テクノロジーによる強固なシステム構成
■人材：イノベーションの文化を根付かせる人材の活性化

なお、DXのロードマップは企業ごとに異なるものの、デジタルの力で企業の根本的な変容を促し、従業員・顧客・株主・社会への価値提供を最終的な目的とする点においては共通しています。

DXのロードマップ――5つの領域

DXのロードマップ：全5領域に焦点を当てた管理可能な道筋

本章はDXの工程を「戦略」「組織」「事業」「技術」「人材」の5つの領域で構成しています。全領域にわたる統合的な変革推進はDXのジャーニー（旅程）と言えますが、その複雑な旅程を遠回りすることなく加速させるために、企業は各領域を管理可能な要素に分解する必要があります（**図表3-1**）。

1. 戦略（Strategy）：
テクノロジー活用による成長戦略

ビジネスとテクノロジーを統合した新たな戦略的視点をもとに、成長戦略を描きます。テクノロジーが企業のビジネス戦略を「どのように実現するか」そして「どのような領域にどのようなテクノロジーを適用すれば新たなチャンスを見つけられるか」など、企業独自の視点をもとに未来を再構築します。

- DX戦略では、デジタルとビジネスの統合による新たな市場機会と競争優位性を描きます。部門別の戦略や計画ではなく、ビジネス側とIT側の

図表3-1　DXのロードマップ（例）――5つの領域と20の単位

1.　戦略（Strategy）

1-1　成長：DXによる組織全体の成長・持続的な企業価値（財務／非財務）創出
1-2　顧客中心主義：顧客ニーズと顧客提供価値へのフォーカス
1-3　価値：顧客提供価値の流れ（Value Stream）
1-4　コスト：コストの最適化（固定費と裁量費の比率など）

2.　組織（Organization）

2-1　組織能力：ビジネスチームとITチームの共創
2-2　チーム：ビジネスとITが垂直統合したクロスファンクショナルチーム
2-3　ビジョン：ノーススター（北極星）への方向づけ
2-4　成果：ビジネスとITで成果重視のKPI共有

3.　事業（Practice）

3-1　ハイパーオートメーション：RPA・AI／MLでプロセスの自動化
3-2　モダンエンジニアリング：MVP・アジャイル・DevOpsによる効率性向上
3-3　データ駆動型インサイト：AI／MLでインテリジェントな仮説発見

4.　技術（Technology）

4-1　システムフレームワーク：「顧客中心主義」の論理モデル
4-2　ITアーキテクチャー：市場投入スピード・機敏性・復旧力の最適化
4-3　リアルタイムデータ基盤：エコシステム全体のスケールアップ
4-4　クラウド：イノベーションを促進するクラウドネイティブ機能の活用
4-5　セキュリティ：企業全体の枠組み・ゼロトラスト・自動化機能

5.　人材（Talent）

5-1　人材：Human + Machine（人間+マシン）によるイノベーション
5-2　スキル：リスキルや新たなキャリアモデルの提供
5-3　ソーシング：社内外の人材を対象とした迅速な人材配備
5-4　文化：成長思考・アジリティ・顧客中心主義の文化によるイノベーション加速

出所：アクセンチュア

メンバーが共同で成長目標を設定し、テクノロジーを戦略的資産として活用するための成長戦略となります。

- 新たな成長や投資機会を得るために、従来の自社のサービス・製品を重視する考え方から、カスタマーエクスペリエンス（顧客体験）を重視する文化へシフトします。データ分析から顧客のニーズに関するインサイトを得て、戦略に反映することで、継続的なイノベーションや顧客への価値提供を実現します。
- 従来の単発・短期の投資基準に基づいた個別のROI等による投資判断で

はなく、継続的にパフォーマンスを計測することでDXへの投資を調整する考え方へとシフトします。
- コスト構造を見直し、自己資金によるDX投資モデルへと再構築します。コスト効率の高いクラウドやデジタルソリューションの活用で、従来の固定費から、変動費の構造へ最適化し、DXの資金調達というリスク（阻害要因）を回避します。

以上により自己資金での投資を原則として、組織のアジリティ（機敏性）能力の獲得・収益の拡大・顧客体験への投資収益率（ROI）の向上を実現します。

2．組織（Organization）：テクノロジーを中心に据える組織の再構成

テクノロジーを中心に据える組織の再構成にあたり、核となるテクノロジー組織を、従来の水平分業型IT組織のモデルから、事業領域ごとの垂直統合型IT組織のモデルへと変革します（**図表3–2**）。従来の水平分業型IT組織の機能間の依存関係を取り除き、多様なデジタル技術の経験・知見を持つメンバーを揃えることで、ビジネスとITが共通のビジネス目標を達成するためのクロスファンクショナルチームを組成します。事業領域ごとにビジネス側とIT側のメンバーで構成したチームがエンド・ツー・エンドで結束することにより、組織のアジリティ（機敏性）とクオリティ（品質）を向上させます。

- 組織の再編成とは、単に役割を変えることではなく、テクノロジーを中心に価値を生み出すために、従来とは異なる組織を構成する必要があります。従来の役割の細分化ではなく、ビジネス全体を業務対象として幅広いスキルと能力を身に付けたメンバーがチームを構成することで、効果的・効率的な価値創造に努める組織の再編成を意図します。
- この垂直統合型の組織は、全社共通で目指すべき姿（北極星：ノースス

図表3-2　水平分業型IT組織から垂直統合型IT組織へ（イメージ）

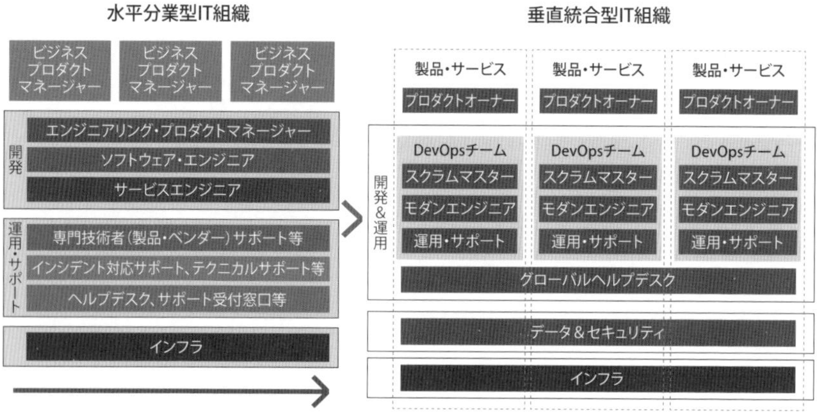

出所：アクセンチュア

図表3-3　ノーススタービジョンとタスク

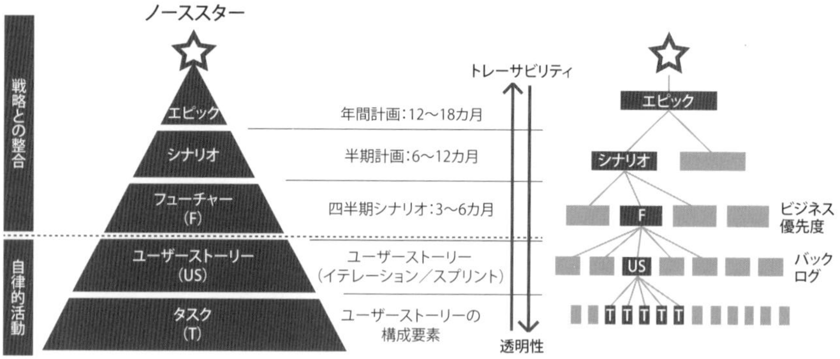

出所：アクセンチュア

タービジョン）のもとに、タスク（作業）に優先順位をもたせて透明性を上げることで、無駄な作業の排除や、スピードの向上、顧客体験の充実へとつなげます（**図表3-3**）。

- SLA[1]の考え方についても機能別に設定されるサービスレベルではなく、チーム全体のKPI（Key Performance Indicator：重要業績評価指標）

に基づいて、継続的にサービス提供先へのパフォーマンスを測定することで、提供先との関係性構築を重要視した「顧客中心」の考え方を実現します。

- つまり従来のSLAで測られるような水平分業型ITサービスに対する評価指標ではなくなり、組織は事業へとフォーカスしていくことになります。ビジネス領域とITサービスが垂直統合されることで、収益や価値創出などの事業価値で評価されるようになります（**図表3-2**）。
- 例えば、顧客向けデジタル機能に取り組む事業チームでは、事業とITを統合したポッドチーム（ポッド：POD：Product-Oriented Delivery：異なるコンピテンシーを持つメンバーがお互いに補完し合うチーム）を形成します。従来の生産性などに関する評価指標ではなく、売り上げの向上率など、顧客へ提供する製品・サービスの結果をもとに評価されるようになります。
- 従来の水平分業型IT組織では、事業上の問題に対応する生産的な時間よりも、日々のルーティンワークなどに倍以上の時間が費やされています。この状況は事業とITシステムとの間で、業務や投資の優先順位付けに不一致を生じさせており、結果的に（事業から離れ）サイロ化するITシステムへ至ってしまうことになります。
- 従来の機能別に設定されたSLAなどの指標による評価は、このような事業とITシステム間での優先順位付けの不一致をさらに悪化させています。DX戦略では、事業とITの目標の優先順位が統一された組織運営が必要です。

戦略・目標が、組織全体で一致している組織では、組織全体で共有するノーススタービジョンのもとに、事業とITがクロスファンクショナルチームで連携し、チームのKPIがビジネス成果と結びつけられ、予算にも反映され

1　SLA（Service Level Agreement）：サービスの提供側とその利用者との間で結ばれるサービスのレベル（定義、範囲、内容、達成目標等）に関して合意されたサービス水準やサービス品質保証などを指す。

ます。事業とITが同期して成果志向のKPIを共有することで、DXの成功を測定していきます。

（関連情報「付録A：DXのロードマップ　2-3　ビジョン：ノーススター（北極星）への方向づけ」を参照）

3. 事業（Practice）：イノベーションのための新しい方法の採用

企業が変化スピードの加速するビジネス環境で成功するには、迅速に顧客ニーズを捉えて継続的に事業を収益化するイノベーションサイクルの採用が必要です。最新のソフトウェア開発の手法やデザイン思考を取り入れることで、価値創出のスピードを高め、質の高いビジネス成果を生み出し、自社能力を現代的な仕様へ刷新します。

- MVP（Minimum Viable Product）は最小限の機能を持たせた製品・サービスを市場に投入する手法です。顧客のフィードバックをもとに、仮説検証を繰り返すことで、確実に顧客に受け入れられる製品へと改良していきます。また、限られた時間の中で、顧客のニーズに基づいた製品・サービスを構築することで、早期の収益化を図ります。
- 顧客からのフィードバックや市場における顧客の意識を、常に認識・把握するために、データに基づいたインサイト（洞察）を活用します。同時に、業務プロセスの自動化を取り入れ、ミスを起こしやすい手作業を減らして組織のアジリティ（機敏性）を向上させます。
- 組織通しでの自動化（エンタープライズ・オートメーション）や、新しい製品・サービス開発手法（モダンエンジニアリング）、そしてデータ駆動型による意思決定（データをもとに次のアクションを決めたり意思決定を行ったりするアプローチ）が業務効率を高め、実証実験（エクスペリメンテーション）を可能にし、イノベーションを促進し、継続的な改善を促します。

- 次の成功につなぐ前向きな失敗を「フェイルフォワード（fail forward）」と言いますが、このアプローチでこれらの業務手法を採用することにより、組織に必要なアジリティ向上を実現していきます。
- このような事業運営の手法は、顧客ニーズの変化スピードが増すにつれ、非常に重要になっていきます。従来の、比較的スピードの遅い製品・サービスの提供サイクルや、顧客にとって厳格な期限やスケジュール、そして回答の遅い対応状況のままであれば、市場での競争力が落ちていくためです。市場は、最新の開発手法による製品・サービスを求めています。それは新しい製品・サービスなどのソリューションを拡張する前に、実験を通して顧客の期待を捉えることを可能とする手法です。迅速で継続的な構築・測定・学習のサイクルを回していくことで、競争力のある製品・サービスの提供を促進します（関連情報「付録A：DXのロードマップ　3-2　モダンエンジニアリング：MVP・アジャイル・DevOpsによる効率性向上」を参照）。
- またテクノロジーを駆使した事業運営において、データは欠かせません。信頼できる実用的なリアルタイムデータをもとに、事業プロセス全体にデータを組み込んでいる企業は、十分な情報やインサイトを得た上で、ビジネスの意思決定を行うことが可能となります。いわば「攻め」の姿勢で、市場をリードすることができるようになるのです。一方で、企業が断片的なデータをもとに業務を行っている場合は、自ずと分析サイクルは長くなり、結果的に「守り」に徹することになっていきます（関連情報「付録A：DXのロードマップ　3-3　データ駆動型インサイト：AI／MLでインテリジェントな仮説発見」を参照）。

以上のような新しい事業運営の採用は、社内の一部の組織で起こるようなイノベーションではなく、企業全体で、常に継続的に行われるべきイノベーションを意味しています。これにより企業は、事業のあらゆる側面で、人々に権限を与え、日々のイノベーションを可能とするプロセスを展開していくことになります。

4. 技術（Technology）：
最新テクノロジーによる強固なシステム構成

DXを実現するテクノロジー環境は、セキュアで柔軟性のあるクラウドベースのITアーキテクチャーで構築されます。クラウドへの大規模移行は事業継続上のレジリエンス（復旧力）の確保だけでなく、自己資金の節約によるイノベーションへの再投資や、ESG目標の達成にも貢献します。

- 変化するビジネスニーズや顧客ニーズに迅速に対応するため「マイクロサービス」と呼ばれる開発アプローチを適用します。マイクロサービスはモジュール化した機能を連携させることで「デジタルエコシステム（外部を含む機能・サービスの連携）」を実現します。ビジネス要件に迅速に適応可能で、運用が柔軟であり、サステナブルな適応型のアーキテクチャーを構築することで、市場投入のスピード・アジリティ（機敏性）・レジリエンス（復旧力）を最適化する統合的な機能編成（オーケストレーション）の実現が可能となります（**図表3-4**）。
- 企業が競争に勝つためにテクノロジーを駆使するには、組織全体を通したクラウドプラットフォーム（クラウド基盤）が必要です。クラウドプラットフォームは、情報・ID・アプリケーション・デバイスが、一定のセキュリティ対応で保護されるよう、ゼロトラスト（すべてのアクセスを検証する）のアプローチを適用します。
- 大規模なクラウドプラットフォームは、リアルタイムデータバックボーン（インターネットなどで事業者間や拠点間をリアルタイムで結ぶ高速・大容量のネットワーク回線）をもとに、企業のデータを横軸で連携させることで、ビジネスのデータ活用を優位にします。
- 「顧客中心主義」など、事業の優先順位に沿ったITアーキテクチャーへとシフトすることで、コスト効率も高めることが可能となります。
- クラウドプラットフォームでのアプリケーション実行は、従来のオンプ

図表3-4　適応型アーキテクチャー（イメージ）

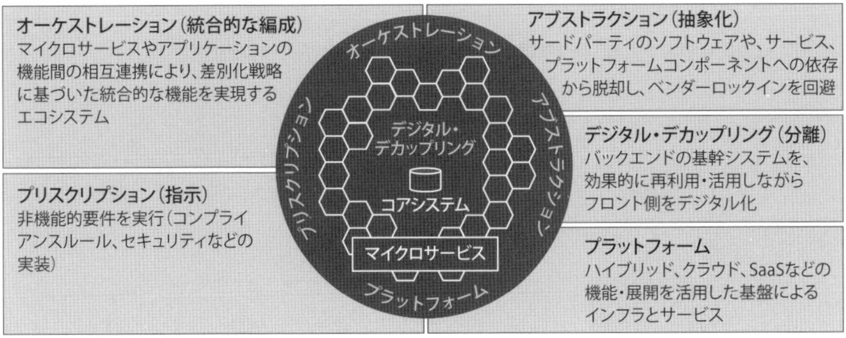

出所：アクセンチュア

レミスでのアプリケーション実行よりも、電力とハードウェア効率の最大化や、カーボンフットプリントの最小化に貢献します。持続可能なSDLC（ソフトウェア開発ライフサイクル：Software Development Life Cycle）・エッジ・データセンター・ITインフラの適用により、二酸化炭素排出量の削減という企業のESG目標の実現に貢献します。このようにテクノロジーをサステナブルな形で展開することは、持続可能な事業オペレーションへのシフトにつながります。

以上より、クラウドベースの柔軟で適応性のあるITアーキテクチャーがDXの基盤となります。「マイクロサービス」などの新しい技術や、事業ニーズや顧客ニーズの変化に対応可能なアーキテクチャーでシステム基盤を構成することにより、市場投入のスピード・アジリティ・レジリエンスを促進します。

テクノロジーは固定されるべきものではなく、ビジネスの環境変化に合わせて、進化していく必要があります。企業はテクノロジー能力を、より柔軟なものへとシフトさせていく必要があります。

5. 人材（Talent）：
イノベーションの文化を根付かせる人材の活性化

組織が新しいテクノロジーを活用し、イノベーションを起こせるようにするには、人材の活性化も不可欠な要件の一つです。チームの生産性と成功のため、新しい役割と最新のスキルの習得が必要となります。

- 新しい役割の実現には、人間とテクノロジーが互いに補完し合い、作業効率を向上させる「Human＋Machine（人間＋マシン）」のアプローチを採用します（**図表3-5**）。企業はテクノロジーによる高度なオートメーション（自動化）機能やAI（人工知能）により、リソースの最適化や重複の排除、組織の結束力の維持など、従来の社員の役割を再編できるようになります。また、そのコストの節約分を比較的大きなイノベーションの資金源に充当することが可能となります。
- 柔軟でバーチャルな職場環境へのシフトは、従来のオフィスの場所や規模にとらわれずに、各地からの人材を大規模に活用することを可能とします。国内外のロケーションごとの特性やニーズの変化にも、迅速に適応可能なワークフォース（人員配備）をもとに、必要なスキルを必要な時に活用することが可能となります。企業の人材活性化は、DXの原動力となるイノベーション文化の醸成に効力を発揮します。
- 人材の活性化は、新しいテクノロジー・新しい業務手法・新しいマーケット環境などの導入により、人材が活躍できるスキルを提供することを意味しており、革新的な価値主導型（Value- led）の企業文化の創造を促します。

なお、働き方の変革には4つの要素が考えられます。次の要素を組み合わせることで、企業は人材を活性化し、テクノロジー投資から最大限の価値を引き出すことが可能となります。

図表3-5　Human＋Machine（人間＋マシン）の考え方（イメージ）

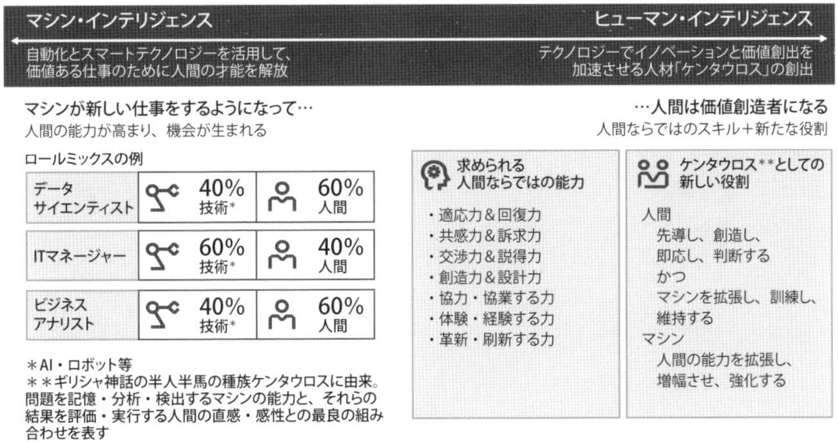

出所：アクセンチュア

1）人材：

インテリジェントな自動化とスマートなテクノロジーが人間の才能を解放することで、人間がより価値のある仕事をできるようになると、仕事が変化し新しい成長機会が生まれます。

2）スキル：

新しいテクノロジーを駆使した仕事に従事するためには、継続的な学習が必要です。従業者の仕事内容の変化に伴って新たなキャリアパス・役割・スキルが必要となります。

3）ソーシング：

変化の激しい環境では、新たな優先事項に迅速に動員・展開できる弾力性のある人材配備が必要とされるため、社内外の人材を対象とした境界のないソーシングへ見直しを図るなど、柔軟な人材活用の戦略が求められます。

4）文化：

アジリティ（機敏性）・コラボレーション・顧客中心主義など、組織にイノベーションをもたらす新しい働き方を実現・持続させるには、一人ひとりが成長する思考で柔軟に取り組める文化が必要です。

巻末の「付録A：DXのロードマップ」に、DXのロードマップの5つの領域と20の単位について収録しています。

第4章

DXリスクマネジメント
——価値創造を確実にする

DX Risk Management

DXリスクマネジメントのフレームワーク

DXリスクマネジメントと全社的リスクマネジメント（ERM）

DXという企業の総合的な変革の工程は、複雑で多岐にわたる中長期の取り組みです。DXの戦略と目標を達成するために、組織はDXによる価値創造の機会を追求しつつも、発生する脅威を常に意識しながら、DX推進上のパフォーマンスを向上させていく必要があります。それらのリスク（機会と脅威）を企業全体で特定・監視・対応していくため、経営トップのリーダーシップのもと、リスクに関する情報を組織横断的に捉えて、適切なタイミングで、適切な人の手に渡していくDXリスクマネジメントが必要となります。

全社的なDX推進にリスクマネジメント機能を効かせることで、DXの達成に影響を与えるリスクを予測し、混乱を最小限に抑え、機会を最大化するために必要な措置を講じることが可能となります。この統合的なリスク管理手法は、全社的リスクマネジメント（ERM：Enterprise Risk Management）と呼ばれます。

本章では、ERMの考え方をベースに、DXリスクマネジメントの概要を説明します。ここでは技術的なDX戦略の策定・実施のための詳細な説明は意図していません。

DXリスクマネジメントのフレームワークは、ERMの国際的ガイドラインである「COSO ERM」と「ISO31000」、そして「COSO ERM for Cloud Computing」を参考にしています[1]。DXの考え方やアプローチを軸として、各ガイドラインからDX推進に必要な要素を適用し、DXリスクマネジメントの枠組みとアプローチを構成しています。なお、DXリスクマネジメントは、組織のERMプロセスに統合されます。

DX推進に必要不可欠なDXリスクマネジメント

DX戦略と目標には必ずリスクが含まれています。なぜなら戦略実行や目標が予定どおりに行くか否かにおいて、不確実性（リスク＝機会と脅威）が存在するためです。DX戦略が期待したとおりのパフォーマンスを達成しないリスクや、組織の意思決定の原点となるパーパス・ビジョン・コアバリューと整合していないリスク、あるいはDX推進により新たなリスクが生じる場合が考えられます。組織は全社を通してこのようなDXリスクに対処することで、DXの戦略・目標・パフォーマンス向上を確実にします（**図表4-1**）。

「パーパス・ビジョン・コアバリュー」

組織の「存在意義・ありたい姿・核となる価値観」を表す「パーパス・ビジョン・コアバリュー」は、DXを通して、従業員や、お客様、地域社会、投資家など、各ステークホルダーに向けて、どのような価値を提供したいのかを考える際の拠り所となります。核となるパーパスは、企業の変革期が到来している今、重要性を増しています。

これまでビジネスが静的に順序を踏んで構築されてきた時代から、動的に変化するために組織が再構築されなければならない時代に、企業はDXを必要としていますが、DXがもたらす変革に対して、利害関係者が異を唱えたり、主張や意見が対立したりすることが往々にして生じます。

---

1 **COSO ERM**：米国の企業不正を正す活動を行う組織COSO（Committee of Sponsoring Organizations of the Treadway Commission：トレッドウェイ委員会支援組織委員会）により発行されたERM（Enterprise Risk Management：全社的リスクマネジメント）のフレームワーク。2017年改訂。

ISO31000：リスクマネジメントの国際規格。組織の目的に影響を与えるリスクを効果的・効率的にコントロールすることで、組織の価値の創出・保護を目指す。リスク特定、リスク分析、リスク評価、リスク対応、モニタリングの一連のプロセスが含まれたERM（全社的リスクマネジメント）のフレームワーク。2018年改訂。

ISO31000：2018（JIS Q 31000：2019）からの抜粋：

［原則］リスクマネジメントの意義は価値の創出及び保護である。リスクマネジメントはパフォーマンスを改善しイノベーションを促進し目的の達成を支援する。［Principles］The purpose of risk management is the creation and protection of value. It improves performance, encourages innovation, and supports the achievement of objectives.

COSO ERM for Cloud Computing：クラウド・コンピューティングに向けた全社的リスクマネジメントのフレームワーク。2021年発行。

図表4-1　全社的なDX推進に必要不可欠なDXリスクマネジメント

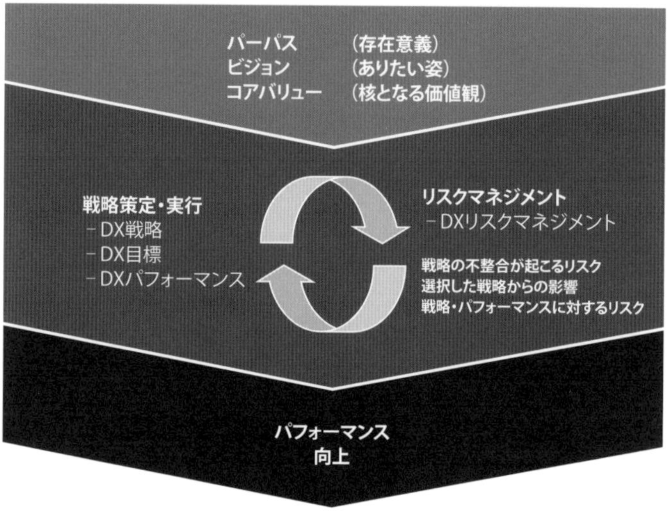

出所：COSO ERMを参考にアクセンチュア作成

この荒波を乗り越えるには、地図のない時代の羅針盤のごとく、方向性や価値観の拠り所としてパーパスが有用となります。DXに必要な「リスクベースのマインドセット（序章を参照）」も、その根源は企業のパーパスにあります。自社の存在意義を見つめることで、相容れないステークホルダーの主張や意見のはざまでも、自社に最善の決断をする判断の原点とします。

「戦略策定・実行およびリスクマネジメント」

DXによる組織の目的達成に向けて、組織は予めリスクを見極め、対応します。計画時には組織のDX戦略や目標の実行可能性・適切性を検討し、実行後はDX推進を通して目的達成を阻害するリスクを特定・分析・評価・対応することで、組織全体を通して脅威を最小限に抑え、機会を最大化するための措置を講じます。

「パフォーマンス向上」

全社的なＤＸ推進活動にDXリスクマネジメントを働かせることで、DXによる目的達成ならびに価値創出を確実にしていきます。このパフォーマンス向上を継続していく活動は、組織のレジリエンス（復旧力：変化を予測し対応する力）の強化につながります。

以上よりDXリスクマネジメントは、企業のパーパス・ビジョン・コアバリューを拠り所に、DX戦略の策定・実行に関する組織の意思決定を構造化することで、DX推進のパフォーマンス向上を目指すアプローチとなっています。

DXリスクマネジメントの特徴

全社的なDXのパフォーマンスを向上させるための経営管理手法「DXリスクマネジメント」の特徴を、下記に記載します。

- DX推進に対する企業の健全なリスクテイクを支えるガバナンス機能。
- DX推進の達成に向けて、経営トップのリーダーシップのもとに運営する全社的・横断的なリスクマネジメントフレームワーク。
- DXの戦略策定にあたり、価値の創造・保護に影響を与えるリスクの観点の提供。
- DX推進のパフォーマンスに影響を与えるリスクの予測。
- ネガティブな影響による損失を最小限に抑え、ポジティブな影響による利益を最大化するためのリスク対策の適用。
- DXに必要な経営資源の全社視点での評価と、資源配備の優先順位の決定、資源配分の有効性の強化。
- 組織全体および社外ステークホルダーに対する継続的なリスク情報の伝達・報告。
- DXに関する変化を予測し対応する組織能力の向上に伴う組織のレジリ

エンス（復旧力）の強化。

- DXリスクマネジメントを通じた価値創出による持続的経営への貢献。

DXリスクマネジメントのアプローチ——5つの要素／20の原則

DXリスクマネジメントのアプローチはCOSO ERMを参考に、相互に関連する5つの要素と20の原則で構成しています（**図表4-2**）。

1. ガバナンスと文化

ガバナンスは、組織の方向性を定め、DXリスクマネジメントの重要性を強化し、その監督責任を確立します。そして文化は、企業におけるDXの価値や、目指すべき行動など、DXのリスク（機会と脅威）に対する理解を形成します。そのため取締役会によるリスク監視をはじめ、経営者の責任、体制、文化、価値観、人材などの原則を含んでいます。

2. 戦略と目標設定

経営者は、組織のDX戦略策定・目標設定のプロセスにリスクマネジメントを織り込むことで、DXによる組織の目標達成に関する不確実性の振れ幅（リスク）を最小化させます。事業の状況やDXに影響するメガトレンドを理解することで、組織はDXに関するリスクについて洞察し、リスク選好（リスクアペタイト）の設定をDX戦略と整合させることで、リスクを特定・評価・対応するための基礎を確立します。

3. パフォーマンス

DX戦略と目標の達成を確実にするために、影響を及ぼすDXリスクを特定・評価します。組織はリスク選好度に照らして、リスクの重大性に応じた優先順位付けを決定します。その上でリスクへの対応策を選択し、パフォーマンスの変化を把握することで、引き受けたリスクの量をポートフォリオの

図表4-2　DXリスクマネジメント——5つの要素／20の原則

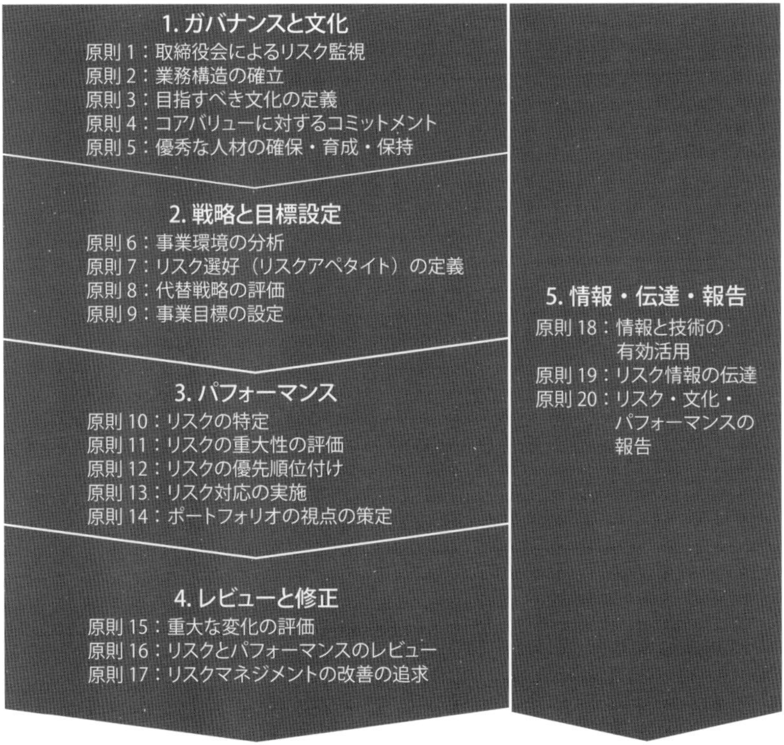

出所：COSO ERMを参考にアクセンチュア作成

視点で監視します。これは担当部門別のサイロ化されたリスク対応ではなく、リスクポートフォリオにおいて相互に関連するリスクの複合的な影響を理解することであり、組織全体を通して重要なリスクに効果的に対処するためのプロセスです。プロセスの結果は、主要なリスクステークホルダーに報告されます。

4. レビューと修正

DXリスクマネジメントの活動が、期待どおりの効果を発揮しているかを検証し、時間の経過や事業環境の大幅な変化に照らして、DX推進活動の見直しを図ります。

5. 情報・伝達・報告

DXリスクマネジメントに必要な情報を内部・外部の情報源から入手し共有するために、継続的で組織横断的な情報・伝達・報告に関するプロセスを確立します。図表4-2のとおり「5.情報・伝達・報告」については、「1.ガバナンスと文化」から「4.レビューと修正」までの各要素を通して進めます。

以降は、DXリスクマネジメントの5つの要素に紐づく20の原則について記載します。

1. ガバナンスと文化

原則1：取締役会によるリスク監視

当原則では、「**DXリスクマネジメントにおける取締役会の役割・責任の明確化**」「**取締役会によるDXリスク監視体制の整備**」「**取締役会と経営者との間におけるDXに関する対話の促進**」に関する事項を記載します。

［DXリスクマネジメントにおける取締役会の役割・責務の明確化］

ガバナンスとは、企業を指揮・統制する仕組みのことであり、取締役会は企業のガバナンス（統治）において、独立した客観的な立場から、経営陣・取締役に対する実効性の高い監督を行うことを責務としています。

そのため、株主に対する受託者責任・説明責任を踏まえて、また株主以外の企業のステークホルダーへの価値提供を重視して、取締役会は経営陣に対して、リスクマネジメント委員会によるリスクモニタリングなどを通して、DXの取り組みについて監視を行います（**図表4-3**）。

図表4-3　コーポレートガバナンス体制（イメージ）

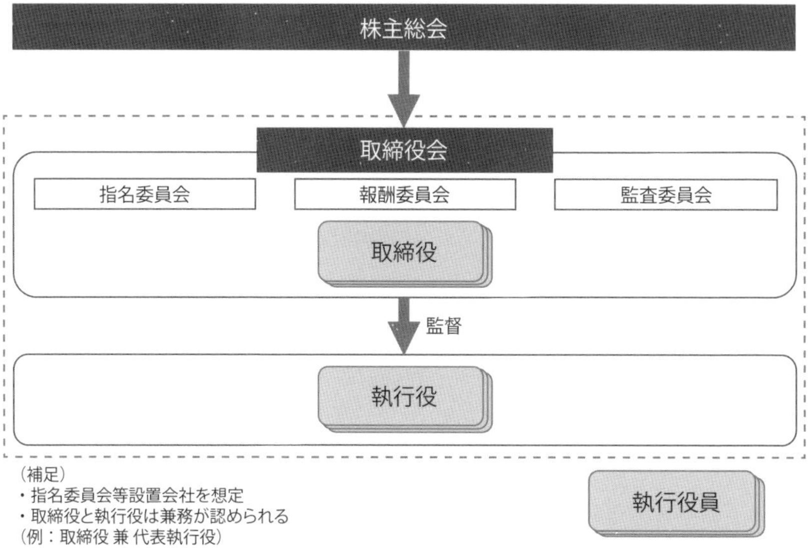

委員会・役職	役割	会社法での定め	構成・選任の方法
指名委員会	株主総会に提出する取締役の選任、解任に関する内容を決定	あり	委員会は、3名以上の委員で構成され、過半数を社外取締役が担う。
報酬委員会	取締役や執行役の報酬等の内容に関する方針と、個人別の報酬を決定	あり	委員会は、3名以上の委員で構成され、過半数を社外取締役が担う。
監査委員会	取締役、執行役の職務執行を監査	あり	委員会は、3名以上の委員で構成され、過半数を社外取締役が担う。
取締役	会社運営における意思決定・監督	あり	指名委員会により、取締役の選任及び解任に関する議案の内容が決定され、株主総会での決議により選任される。
執行役	取締役の意思決定に従い、事業運営を遂行	あり	取締役会により選任される。取締役との兼務が認められている。
代表執行役	会社を代表し、業務執行に責任をもつもの	あり	取締役会により選任される。取締役との兼務が認められている。
執行役員	取締役の意思決定に従い、事業運営を遂行	なし	会社法上の定めはなく、従業員にあたる。

出所：アクセンチュア

- DXリスクを含む組織のリスク監視に関する取締役会そして取締役の役割・責務について定義します。

[取締役会によるDXリスク監視体制の整備]

取締役会は、適切なリスクテイクの裏付けとなり得る全社的なDXリスクマネジメント体制を適切に整備し、その運用が有効に行われているか否かを監督します。取締役会から委任を受けたリスクマネジメント委員会などが、DXの重要リスクに対するコントロールの進捗状況や有効性の評価などについて経営者から報告を受けることで、取締役会が当該内容を確認・審議し、是正・改善すべき事項があれば必要な指示・助言を行うなど、組織の実態に合わせた体制を整備します。

[取締役会と経営者との間におけるDXに関する対話の促進]

取締役会が経営者との間で定期的な対話を実施する際には、組織のパーパス・ビジョン・コアバリュー、それらと整合したDX戦略・目標・パフォーマンスや、DXリスクマネジメントの状況など、組織経営に影響のあるDX推進に関する重要情報を共有し、取締役会の意思決定に役立たせます。

原則1〈考察〉

DX推進に関して、取締役会が果たすべき役割は、以前にも増して重要になってきています。

コーポレートガバナンス・コードの「取締役会の実効性評価に関する要件」の補充原則4-11③では「取締役会は、毎年、各取締役の自己評価なども参考にしつつ、取締役会全体の実効性について分析・評価を行い、その結果の概要を開示すべきである」と示されていますが、それに関して経済産業省より「DX推進における取締役会の実効性評価項目」として18の評価項目が提示されています。

「コーポレートガバナンス・コード（金融庁・東京証券取引所）」における、取締役会の実効性評価に関する要件

原則4-11. 取締役会・監査役会の実効性確保のための前提条件：

取締役会は、取締役会全体としての実効性に関する分析・評価を行うことなどにより、その機能の向上を図るべきである。

［補充原則4-11③］

取締役会は、毎年、各取締役の自己評価なども参考にしつつ、取締役会全体の実効性について分析・評価を行い、その結果の概要を開示すべきである。

DX推進における取締役会の実効性評価項目（経済産業省）の概要

1. **DXの知見を有する取締役の選任**
   - DXの知見や問題意識を有する取締役（少なくとも1名）の選任
2. **ビジョンの共有**
   - DXによる価値創出のビジョンに関する合意形成
3. **危機感とビジョン実現の必要性の共有**
   - デジタル・ディスラプションへの危機感と将来ビジョンに関する合意形成
4. **経営トップのコミットメント**
   - 経営トップによるDX取り組みに対する監督
5. **DXに求められるマインドセット、企業文化**
   - DXに必要なマインドセット、企業文化の構築に対する監督
6. **投資意思決定、予算配分**
   - DXへの投資の意思決定、予算配分における総合的な判断プロセス
7. **推進・サポート体制**
   - DX推進・サポート体制に対する監督

8. 人材育成・確保

－DX人材の育成・確保の取り組みに対する監督

9. 戦略とロードマップ

－DX戦略とロードマップに関する議論と合意形成

10. ITシステムに求められる要素

－DXを実現するための環境・体制の整備に対する監督

11. ITシステムの技術的負債

－レガシーシステムの課題に対する監督

12. IT資産の仕分けとロードマップ

－IT資産の仕分けとDXのロードマップに関する議論と合意形成

13. ガバナンス・体制

－DX推進のガバナンス・体制の整備に対する監督

14. IT投資の評価

－自社のIT投資への判断・評価に対する監督

15. 経営陣の評価

－経営陣の評価においてDXへの取り組みを考慮

16. ステークホルダーへの情報開示

－DXに関する株主などのステークホルダーへの情報開示

17. DX推進上の課題・障害

－DX推進上の具体的な課題・障害

18. DX推進上の課題・障害を乗り越えるための取締役会の取組み

－DX推進上の具体的な提案・工夫

出所：DX推進における取締役会の実効性評価項目（経済産業省）をもとにアクセンチュア作成

また、コーポレートガバナンス・コードの改訂（2021年6月）では、スキル・マトリックスなどの形で、取締役の知識・経験・能力等を一覧化した情報の開示が新たに盛り込まれました（**下線部分**）。取締役に必要とされるスキルは企業の経営戦略や外部環境により異なりますが、従来の、経営・法務・

コンプライアンス・財務・会計・税務・リスクマネジメントなどのスキルに加えて、デジタル環境の変化やサステナビリティなどの社会的要請に伴い、DX、セキュリティ、ESGを含むサステナビリティ、海外経験などの新スキルを有する取締役の選任・採用が重視されるようになっています。

[補充原則4―11①]

取締役会は、経営戦略に照らして自らが備えるべきスキル等を特定した上で、取締役会の全体としての知識・経験・能力のバランス、多様性及び規模に関する考え方を定め、各取締役の知識・経験・能力等を一覧化したいわゆるスキル・マトリックスをはじめ、経営環境や事業特性等に応じた適切な形で取締役の有するスキル等の組み合わせを取締役の選任に関する方針・手続と併せて開示すべきである。その際、独立社外取締役には、他社での経営経験を有する者を含めるべきである。

自己診断が可能な「DX推進における取締役会の実効性評価項目」には、DXの知見や問題意識を有する取締役（少なくとも1名）の選任が含まれています。取締役会には、経営陣が進めるDXの施策について適切に問い質すことが出来る力量を持つ人材を配置することで、株主に対する受託者責任・説明責任を踏まえて、収益力・資本効率等の改善を図るべく、DXによる企業の持続的成長と価値向上を促すことが期待されています。

原則1〈補足〉取締役会

DXによる市場で勝てるビジネスモデルの構築を視野に、取締役会メンバーには、DX戦略の策定・実行が組織の持続可能な価値創造を達成・維持するために十分かどうかについて評価することが期待されています。DXは、CO_2排出量の削減や、組織能力の再構築、従業員のリスキル（Re-skill：新しい能力や技術の習得)、働き方改革など、企業の経営戦略上、重要となる価値創出について多様なチャンスを秘めていることから、DXを戦略的に方向付けする取締役会の必要性が高まっています。

- 取締役会で、IT専門家から報告を受ける際は、平易な言葉で説明してもらう必要があります。DXはデジタル技術の話題に傾きがちですが、重要なのは経営全体を俯瞰する視点です。「D（Digital：デジタル）」を使いこなすことで、「X（Transformation：変革）」を起こす組織能力に対して、本質的な問いが重要にもかかわらず、しばしばIT専門家と取締役会の間でコミュニケーションギャップが生じることがあります。
- DXを通して企業にもたらされる、収益の増加や市場投入の迅速化、生産性の向上などのビジネス価値は測定可能であるべきです。「D（Digital：デジタル）」という手段で、「X（Transformation：変革）」という目的を達成すべきところ、いつの間にか手段が目的化してしまい、投資に見合わない結果となるケースは決して珍しいことではありません。取締役会は、デジタルテクノロジーに惑わされずに、DXのビジネス上の目的を明らかにするように努める必要があります。組織のDXの目的は明確に設定されているでしょうか？「DXで新しい未来を革新する」などの響きの良いスローガンの下で曖昧なDX推進になっていないか、正しい方向付けを行う必要があります。
- 取締役会は、デジタル分野の専門家に対して「貴重な経営資源を投下することによって、我が社は将来どのような価値を創出しえるか」など、DXに期待する価値にフォーカスした本質的な問いかけを行う必要があります。また、DXのダウンサイドリスク（損失・失敗が生じる影響）をどのように軽減し管理するのかについて、特に理解しておく必要があります。
- DXの取り組みが、全業務にわたる徹底的な合理化なのか、顧客体験の再定義なのか、あるいは新たなデジタルビジネスの創出であるのか、その内容は企業によって異なりますが、いずれにしても「顧客の課題を解決する」というビジネスの根本の目的から乖離しないことが重要です。
- DXには不確実性があります。“Think Big, Start Small, Learn Fast”（大

きく構想し、小さく始め、速く学ぶ)、“Fail fast, fail cheap, and fail smart”（素早く失敗し、損を最小限に、賢く失敗する）などの言葉がイノベーションの性質を表しているように、進化の速い技術動向がイノベーションに影響するDX推進には、アジャイル（機敏）な構えで臨む必要があります。

- 企業の業態にもよりますが、迅速にテストと学習を繰り返すことで、仮に失敗しても柔軟に方向性を変えられるレジリエンス（復旧力）の発想が、DXの計画を検討する取締役にも重要となります。
- 取締役会は、戦略的に重要なポイントに焦点を当て、DXの成果として最低限達成すべきラインを明確にするために、経営陣から取締役会に対して報告を行うべき指標について、予め設定しておく必要があります。

原則2：業務構造の確立

当原則では、「**DXの戦略・目標を達成するためのDXリスクマネジメント体制の確立**」「**業務に応じた報告経路の設定**」「**役割と責任の明確化**」に関する事項を記載します。

[DXの戦略・目標を達成するためのDXリスクマネジメント体制の確立]

株主は組織の監督を取締役会に委ね、取締役会はDX推進のための経営資源や権限そしてリスクマネジメントを経営者に委ねています。これにより経営者はDXの戦略・目標を達成するためのガバナンスとリスクマネジメントを備えた強力な体制を確立する必要があります。

DXリスクマネジメント体制において、経営者は経営陣と共に、個々のDXの実施施策にガバナンスを効かせ、経営視点から部門横断的にDXリスク（機会と脅威）を捉えることで、リターンを最大化するための意思決定を促進します。

(関連情報：「付録B：DXの役割・責任」を参照)

[業務に応じた報告経路の設定]

DX推進のため複数組織にまたがるリスクマネジメント活動には、委員会や事務局を設置します。次の「役割と責任の明確化」で設定される各自の責任分担に応じて、報告経路を定めます。

[役割と責任の明確化]

DX推進には組織横断的な協調・連携が欠かせません。DXリスクマネジメント機能を発揮するために、DX推進活動に関わる各々の階層における役割・責任ならびにプロセスを定義し、組織を通したDXリスクマネジメントの管理方針・管理基準を整備します。

原則2〈考察〉

役割と責任の明確化について、RACI（Responsible／Accountable／Consulted／Informed：実行責任者／説明責任者／相談先・協業先／報告先）のようなDXの各工程における責任分担をまとめたマトリックスを用いて各人の関与を明確化します。そうすることで、DX推進に関する各自の説明責任や報告・コミュニケーションの経路など、各々の役割に透明性が確保され、お互いの連携や協力をより円滑に進めることが可能となります。

組織は目標の達成そして価値創造の実現に効果的な管理構造を必要としていますが、DXリスクマネジメントの実施には、強力なガバナンスとリスクマネジメントを促進する「3ラインモデル」[2]（**図表4-4**）の採用が推奨されます。

3ラインモデルは、取締役会による監督、経営陣の役割、事業部門（第1ライン：1線）の役割、管理部門（第2ライン：2線）の役割、内部監査部門（第3ライン：3線）の役割において、説明責任や効果的な調整・コラボレー

2　3ラインモデル（Three Lines Model）：以前の「3つのディフェンスライン」をIIA（The Institute of Internal Auditors：内部監査人協会）が2020年7月に改訂。目標達成と、強力なガバナンス、リスクマネジメントを促進するモデルとして定義された。以前は「ディフェンス」という言葉のとおり、価値の保全に注力していたが、改訂後は目標達成と価値創造への貢献が追加された。

図表4-4　3ラインモデルを適用したDXリスクマネジメント体制（例）

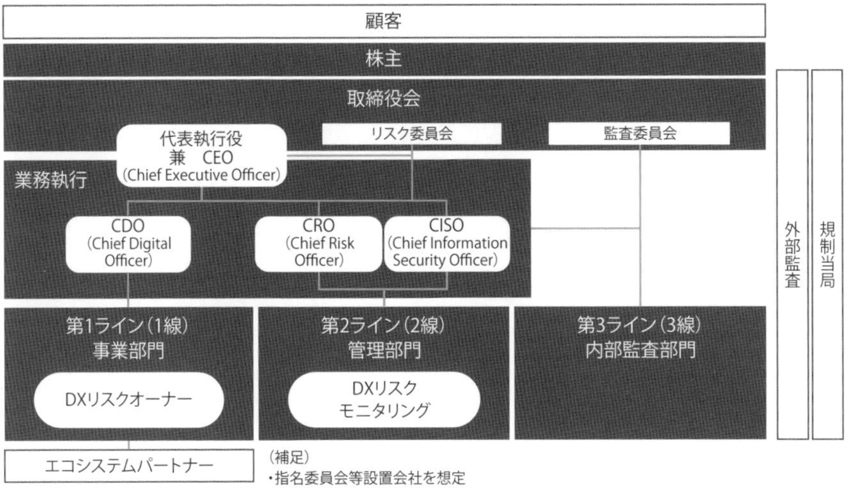

(補足)
・指名委員会等設置会社を想定
・代表執行役が取締役を兼務しているケース
・CDO、CRO、CISOを執行役ではなく、執行役員が担うケースもある
・IIA(The Institute of Internal Auditors)の3ラインモデル※を参考にアクセンチュア作成
※https://www.theiia.org/en/content/position-papers/2020/the-iias-three-lines-model-an-update-of-the-three-lines-of-defense/

役割・責任（例）

	1 線	2 線	3 線
部門	事業部門	管理部門	内部監査部門
役割・責任	▶DX 推進部門、あるいは参画部門 ▶DX 推進に伴い発生する DX リスクの特定・分析・評価・対応などのコントロール（管理策）に対して直接的な責任を持つ ▶DX 施策の策定や、リスク評価、リスク対応策の検討を行う	▶1 線のリスク管理を支援 ▶専門的な視点、あるいは全社的なリスク統括管理の視点から 1 線を支援 ▶1 線の DX リスク管理状況をモニタリングし、助言や改善指示、分析や報告を行う ▶リスク管理の枠組みの設計・維持・改善などを行う	▶3 線として高度な独立性を有する立場から、1 線と 2 線のリスク管理活動の適切性について検証・評価し、問題があれば経営陣に是正を求め、取締役会を報告先とすることで、DX の目標達成を促進 ▶業務執行側と職務を分離されており、DX 業務に携わることはできない(自己監査行為に及ぶため)

出所：アクセンチュア

ションによる相互作用が設計・構造化された経営目標達成のためのモデルです。

3ラインモデルの導入にあたり、責任の分け方は、監査役設置会社・監査等委員会設置会社・指名委員会等設置会社など、企業の機関設計により大きく異なります。また第1ラインと第2ラインの職務の分離・配分も、企業の状況によってさまざまな体制が想定されます。業務部門（1線）のリスク状況に対して、「リスク管理部」や「リスク統括部」などのリスク管理の専門部署（2線）が独立的な立場からモニタリングや助言を行う場合や、IT部門や企画部門（1線）が業務の一部としてリスク管理（2線）の機能を担うケースも考えられます。

このように、企業の状況により「3ラインモデル」の体制は異なりますが、DXの目標達成に大きく貢献する基本的な機能は、ほぼ共通しています。DXリスクマネジメントに適用した場合の例について、下記に概要を記載します。

経営者と第1ライン（1線）・第2ライン（2線）・第3ライン（3線）

DXの目標を達成するため、経営者（図表4-4の例では「代表執行役兼CEO」）は第1ライン（事業部門）と第2ライン（管理部門）の両方の役割を統括し、その両方の責任は経営者に帰属します。

1線の役割は、組織の事業（顧客への製品・サービス提供など）と直接的につながり、2線の役割は、1線のリスク管理の支援になります。1線と2線の機能を分離・配分する理由は、責任の所在を明確にし、相互牽制を効かせることによって、DX成功に資するガバナンスとリスクマネジメントを促進・強化することにあります。ただし1線と2線の役割配分については、組織の状況により変化する場合があります。

第3ライン（内部監査部門）は経営者の責任からの独立性を維持します。DXに関するガバナンスやDXリスクマネジメントの妥当性と有効性について、客観的なアシュアランスと助言を取締役会や監査委員会（または監査役会）に対して伝達することで、DXの目標達成を促進します。

第1ライン（1線）の役割

- 1線は、DXに関わるリスクの特定・分析・評価・対応を担当します。
- リスクオーナーとして事業部門の担当役員やDXプロジェクトの担当役員などが任命され、DXリスクの管理状況を経営者へ報告します。
- 1線は事業活動に起因するリスクの発生源であり、同時にリスク管理の第一義的責任を有することから、DX推進とリスク管理において表裏一体の説明責任・結果責任を担います。

第2ライン（2線）の役割

- 2線は、1線が行うDXリスクの管理活動に対して、モニタリング・助言・指導・テスト・分析・報告を行います。また、DXリスクマネジメントの枠組みの設計・維持・改善を担当します。
- 2線は、1線と異なるレポーティングライン（報告先）を持つことで、独立した立場を確保します。多くの場合、最高リスク管理責任者やリスク委員会がレポーティングラインにあたります。2線の役割は、経営者の意思決定に不可欠であると同時に、2線は経営者の責任の一部でもあります。
- 2線の管理目標は、法規制やコンプライアンスの遵守、内部統制、セキュリティ、サステナビリティ、品質保証などのネガティブな脅威、およびDX戦略・目標の達成に関するポジティブな機会の両方がその焦点となります。
- DX推進に着手する前に、予めDXリスクを想定します。例えば、経営企画部門、リスク管理部門、財務部門、IT部門、セキュリティ部門、人事部門、法務部門、コンプライアンス部門、監査部門など、複数の所管部門が協調・連携して、2線の役割・責任について定義します。
- その際に、自社のDX推進上、新たに生じるリスクへの対応に際して不足するスキルについても把握した上で、1線からの支援や、人材対象を外部に拡げることも検討します。最終的には他部門あるいは外部の人材からのスキル移転を視野に、2線を担当するメンバーの段階的な育成を計画します。

第3ライン（3線）の役割

- 3線の内部監査部門は高度な独立性を有する立場から、1線と2線の活動の適切性について検証し、問題があれば経営陣に是正を求めます。
- 内部監査部門は、1線および2線の執行側と職務を分離され、DX業務に携わることができません（監査対象業務に関与する場合、当該業務の監査に携わることは自己監査行為に及び、3線としての独立性・客観性、監査業務に対する信頼性を損ねるためです）。

原則2〈補足〉経営者

DXは新たなデジタル時代に向けた組織の最適化にあたりますが、これは企業の生命線の再構築であり、経営者をはじめとして全社総力で推し進めるべき経営課題です。

- 経営者が組織の内外でDXについて触れる機会は確実に増えています。DXの対象はあくまでもビジネスであり、ビジネスで用いる平易な言葉で会話することが重要です。投資の本質的な目的は、テクノロジーの導入ではなく、ビジネス上の競争優位の獲得や、成長のための組織能力の強化にあります。
- 経営者は、DXの経営への貢献について、部門を超えた視点を持ち、全関係者を変革に賛同させるために最適な立場にあります。そしてDX実行には、社員の賛同と当事者意識をもとに、全員が自社のDXを理解し、各々の立場から前向きで協調した活動とするためにも、経営者によるリードは不可欠です。
- 経営者による実践的なアプローチは、結果的に経営者の功績として社外でも注目されることになります。最先端のテクノロジーに投資する経営

図表4-5　成長曲線（Jカーブ）

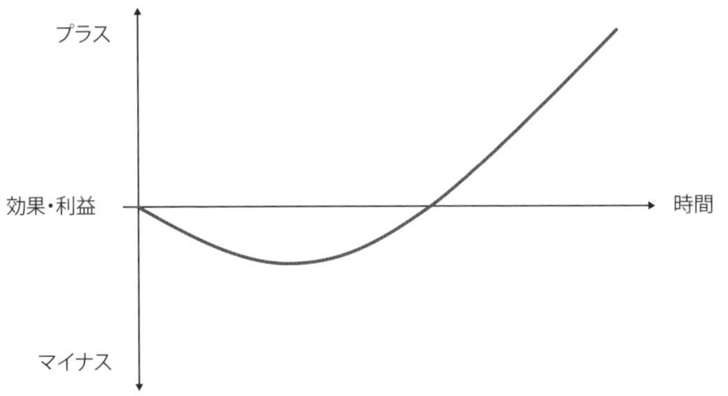

出所：アクセンチュア

者は、組織外でも、著名な投資家や、ビジネスパートナー、採用候補となる優秀な人材からの信頼を獲得します。ビジネスの成功と長期的な成長に不可欠なDXに際して、経営者が見守るような姿勢はリスクとなります。経営者にとって必ずしもテクノロジーの専門知識は必要ではなく、経営者であるからこそ果たせる役割があります。

- これまで多くの企業では、IT担当役員とIT部門がテクノロジーの評価・取得・導入を主導してきたために、経営者が自社のIT戦略に大きく関与していないことも少なくありませんでした。そして今日も多くの企業ではDXをIT部門が主導し、経営者の関与が薄い状況が続いており、企業のDX推進に悪影響を及ぼしています。しかしデジタルの時代は、ITなしには事業戦略が動かない時代へと様変わりしています。
- Jカーブと呼ばれる成長曲線では、変化が起きるときは、長期的に良くなる前に、短期的に悪くなる局面が生じることが示されていますが、これはDXにも当てはまります（**図表4-5**）。新しいテクノロジーやプロセスを採用する際は、最後まで見届ける必要がありますが、DXのJカーブの凹みを調整期間と捉え、最終的にその変化が長期的な利益をもたらすよう、経営者として従業員に助言し、勇気づけ、意欲を引き出すことが期待されます。

原則3：目指すべき文化の定義

当原則では、「**DXの戦略・目標達成に向けた目指すべき文化の定義**」に関する事項を記載します。

[DXの戦略・目標達成に向けた目指すべき文化の定義]

組織がDXの戦略と目標を達成するために、目指すべき文化が醸成されるよう、経営者は望ましい行動・文化を定義します。

- ミッション・ビジョン・コアバリューを踏まえて、DXを通して目指すべき行動・文化を定め、経営者からのメッセージにより望ましい行動を明確化します。

原則3〈考察〉

「DXの戦略と目標を達成するため、どのような文化を目指すべきか」、その答えは企業によってさまざまですが、DXの最大の課題は技術ではなく文化と言われるほど、組織文化を重視すべき点においては共通しています。DXを推進する過程は容易なことではなく、テクノロジーの導入とビジネスプロセスの変革、そしてその変革に耐えうる各組織や一人ひとりの協力など、組織全体の成功を目指す文化は不可欠です。

まず、「リスクベースのマインドセット（序章を参照）」を含め、自社のDX達成に期待される行動・文化について検討・定義します。そして、それらの行動・文化を定着させるため、実際の意思決定や行動と結び付けるプロセスを整備します。経営者自らが発信する集会や、リーダー層への研修、イントラネットを使った情報共有など、階層に応じた活動を展開し、かつ浸透状況のモニタリングを行います。

（関連情報「付録A：DXのロードマップ　5-4　文化：成長思考・アジリ

ティ・顧客中心主義の文化によるイノベーション加速」を参照）

原則3〈補足〉DXを阻害する文化について——蟹の心理

- 組織の成長を阻む、「蟹の心理（Crab mentality）」という言葉をご存じでしょうか？　バケツの中に、蟹が1匹だけ入っている場合であれば簡単に脱出できるのですが、数匹を入れた場合は、お互いにつかみ合いを始め、無駄に「お山の大将」競争をするため、誰も脱出できず、集団としての終焉を迎えてしまうという現象です。
- 人間の場合、羨望や妬みなどを感じるメンバーに対して、集団でそのメンバーの自信を削いで、引きずり降ろそうとする意識に例えられます。正しい行動を取る人が、他者からの嫉妬で袴の裾を踏まれたり、自分の実績に嫉妬する他のメンバーから成功を阻まれたりすることは、残念ですが実際に起きることです。しかしそのような組織の末路は、進歩がないかお互いの共倒れにしかなりません。
- DXを進めるにあたり、すべての従業員が互いの声を出し意見を尊重することは、従業員のモチベーションとコミットメントを高めるため重要です。人々が公平に扱われることは、従業員の成長だけでなく、組織全体の繁栄を確実にします。

欠乏に焦点を当てた奪い合いの精神構造では、組織は成長しません。多様な人材を活用し、価値を生む新しい組織へ再構築するため、経営者のリーダーシップでDX成功の阻害要因を排除します。

原則4：コアバリューに対するコミットメント

当原則では、「**DXの戦略・目標達成に向けたコアバリューに対するコミットメントの表明**」に関する事項を記載します。

［DXの戦略・目標達成に向けたコアバリューに対するコミットメントの表明］

経営者は、DXを推進する組織・委員会・事務局によるDXに関するコミュニケーションとフォローアップを通じて、DXの戦略・目標達成に向けて組織のコアバリュー（核となる価値観）に基づく行動基準を組織全体に周知します。

原則4〈考察〉

「なぜDXに取り組むのか」「DXに取り組んで何を成し遂げるのか」「どのような態勢でDXを推進するのか」などについて、組織の全階層に周知することが重要です。従業員一人ひとりが自身の役割を理解して、当事者としての意識を持つことが、DX成功に不可欠であるためです。

- 経営者がDXの戦略・目標達成に向けたコミットメントを表明することで、従業員は期待される行動を認識します。
- DX推進の透明性を確保するには（各部門が独自のDXを推進するのではなく）、全社DX戦略に統合された目標に対する各部門のコミットメントの表明が重要です。その際にはDXを推進する各々のリーダーの役割・責任およびDXの戦略・目標について明確に定義します。
- 外部組織の活用は自組織のパフォーマンスに影響をもたらすため、DXに関連するパートナーシップやM&Aなど、対象となる外部の組織の文化・価値観を理解することは重要です。この重要な関係性を理解した上で、適切な企業にコミットすることが、自社のコアバリューの実現につながります。

原則5：優秀な人材の確保・育成・保持

当原則では、「**DXの戦略・目標を達成するための優秀な人材の確保・育**

成・保持」に関する事項を記載します。

[DXの戦略・目標を達成するための優秀な人材の確保・育成・保持]

DX戦略・目標を達成するため、組織全体でDXに必要な人材を確保・育成・保持します。

- 組織は必要となる人材・ポジションを定義します。
- 組織内・組織外から、定義した役割を遂行できる経験・スキルを有する人材を特定し確保します。
- リスキル（Re-skill：新しい能力や技術の習得）や人材育成のためのトレーニングを計画・実施します。
- 各人のパフォーマンスを管理し、適切な報酬を設計・提供することで、優秀な人材の保持に努めます。

原則5〈考察〉

今後の企業成長にとってDX人材は不可欠ですが、数少ないDX人材に関して、採用だけでは必要十分な人員の確保は難しく、DX推進企業にとって悩ましい課題となっています。この状況を打開するには、DX人材の確保・育成・保持について、従来の人材戦略に対する発想の転換や再設計が必要になります。

(関連情報「第3章　DXのロードマップ　5.人材（Talent)：イノベーションの文化を根付かせる人材の活性化」および「付録A：DXのロードマップ 5　人材（Talent)」を参照)

2. 戦略と目標設定

原則6：事業環境の分析

当原則では、「**DXのパフォーマンスに影響を与える事業環境の分析**」に関する事項を記載します。

［DXのパフォーマンスに影響を与える事業環境の分析］

経営者は、組織のDX戦略を定義するにあたり、組織の現在の事業環境、そして将来のDX戦略・目標に影響を与える環境変化を分析します。環境変化に適応するためのDX戦略策定・目標設定には、事業環境に関する影響分析は不可欠です。

- DX戦略の策定と目標の設定にあたり、組織が必要とする事業環境に関する情報を収集します。事業環境には、自社を取り巻く外部環境や内部環境、メガトレンド、テクノロジートレンドなどを対象に多様な要素を織り込みます。
- 収集した情報に基づき、戦略に与える影響を分析します。
- DX戦略が、DX以外の領域へ及ぼす影響を評価するために、取締役会メンバーなど、DXに関わる経営陣以外のステークホルダーと共に、内容を精査する必要があります。

原則6〈考察〉

DX戦略には、企業のイノベーションの加速や、ビジネスの成長とアジリティ（機敏性）の促進など、変革を通して実現すべき組織能力も含まれるため、DXのパフォーマンスに影響を与える事業環境の範囲は広範囲となります。

企業の事業範囲や分析実施のタイミングにより分析範囲や内容は大きく異なります。また、戦略の策定は一度行えば済むものではなく、事業環境の変化に応じて見直す必要があります。なお、DX戦略の検討においては、新しいデジタルテクノロジーの評価だけでなく、レガシーシステムによる制約や、DX戦略に影響のあるクラウド戦略との平仄がとれているかなど、ITの実現性についても分析を行う必要があります。

- 従来のシステムは、ハードウェア・OS・ミドルウェア・アプリケーションが複雑に“密連携”しており、すべてを同時に正しく設計・構築することが求められていました。この一枚岩（モノリシック）のように設計されたシステムはシステム能力のピークが開発直後にあり、ある程度の改修はできても、次期刷新まで場合によっては数十年となることから、現代の変化の激しいビジネスへの貢献が困難でした。
- これに対して、モダンなITアーキテクチャーはクラウド上のアプリケーションが、マイクロサービスという単位に分割・区画整備されていることで、部分改良や拡張によってシステム全体をスケーラブルかつ柔軟に維持できることから、システムを稼働させながら継続的に改良し続ける点で、ITアーキテクチャーに進化をもたらしました。
- また、クラウドの容量が必要なアナリティクス・センサー・AI・IoTなどの膨大な数のデバイスを構成する設計に対応できるのもモダンアーキテクチャーの優位性のひとつであり、テクノロジー能力が企業の成長力を左右する時代には必要不可欠となっています。
- 「デジタルネイティブ」を標榜する企業であっても継続的なイノベーションが不可欠です。早くからクラウドを使い始めていても、デジタルテクノロジーの進化に合わせてITシステムを刷新していく必要があり、どのような企業もイノベーションを繰り返し、システムを拡張していくことになります。DXに成功している企業は、“Fail fast（失敗は早めにすること)”の文化のもと、新技術にいち早くトライして、デジタルテクノロジーを変革のドライバーとしています。

原則7：リスク選好（リスクアペタイト）の定義

当原則では、「**リスク選好（リスクアペタイト）の定義**」に関する事項を記載します。

［リスク選好（リスクアペタイト）の定義］

リスク選好とは、企業が価値の追求のために、意図的に受け入れたいと考えるリスクの量です。リスク選好の設定によって、リスクテイクは無謀な賭けではなくなります。あくまでも組織において合意を得た範囲内で、合理的にリスクテイクの範囲を決定するためです。

原則7〈考察〉

企業は自社のリスク量を鑑みて、DX戦略に対する必要かつ適正なリスク選好を設定します[3]。リスク選好とは、自社の戦略目標や事業計画の実現において、企業が許容できる最大リスク量（リスクキャパシティー）のうち、進んで受け入れるリスク総量・種類のことを言います。リスク選好は、企業のビジネス推進上、「どれだけリスクをとって、どれだけ利益を上げるか」を検討する際、どのくらい積極的にリスクをテイクするかを表します。組織のリスクマネジメントに対する姿勢でもあり、組織のリスク文化やマネジメントスタイル、そして意思決定に影響を与えます。

DX戦略・目標は、リスク選好と方向性を合わせる必要があります。組織はDX戦略・目標に対するリスクについて、リスク選好に影響があるかどうかを評価します。リスク選好度はリスク許容度（リスクトレランス）とも方向性

3　リスク選好（リスクアペタイト）：リーマンショック後の金融機関のコーポレートガバナンス強化を目的とした「リスクアペタイトフレームワーク」が起源。従来の「リスクマネジメントはリスク管理部門」「収益管理は経営企画部門」といった管理ではなく、リスクと収益を一体化して事業を運営する考え方による。

図表4-6　リスクとパフォーマンスの概念モデル（イメージ）

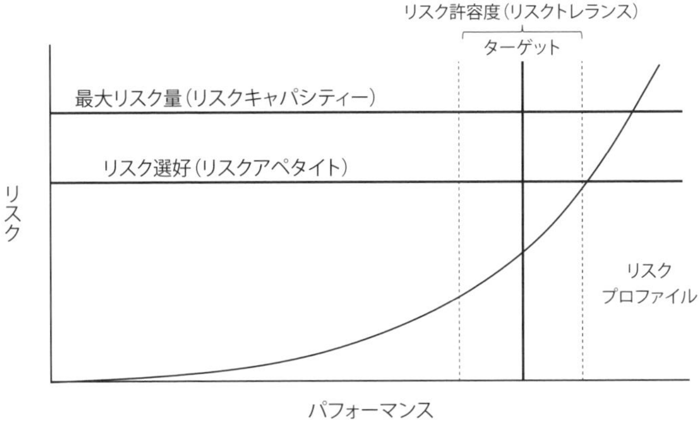

出所：COSO ERMを参考にアクセンチュア作成

を合致させる必要があります。リスク許容度は、企業として受け入れることができるリスクの限界レベルを表します（**図表4-6**）。

- パフォーマンスとリスク量の相関関係を検討することで、事業戦略・目標に適した取るべきリスクを、リスク選好として設定します。パフォーマンス達成のための目標を設定して、継続的にリスク管理を行うことで、撤退の判断や代替策の実行など、戦略上の意思決定をサポートすることが可能となります。

原則８：代替戦略の評価

当原則では、「**代替戦略の評価**」に関する事項を記載します。

［代替戦略の評価］

策定したDX戦略に対して、他のアプローチなどを用いて代替となる戦略との比較・検討・評価を行います。代替戦略の評価により、策定したDX戦略が、他に考えられる戦略よりも、最適であることを確認・証明します。

原則8〈考察〉

どのような代替戦略を用意するかが、DX戦略の妥当性を確認・証明していく上でポイントとなります。DX戦略では、例えば次のような観点の代替案が考えられます。

- DX戦略の対象スコープ・実施順序・スケジュール
- DX戦略の前提とする外部環境・内部環境の変化
- DXで採用するテクノロジー
- DX推進における組織・体制・パートナー会社
- レガシーシステムの維持・拡張

そのほか、必要コストや、効果の規模、効果の発現時期、財務的な影響・非財務的な影響などについて、比較・評価する場合があります。

原則9：事業目標の設定

当原則では、「**事業目標の設定**」に関する事項を記載します。

[事業目標の設定]
策定したDX戦略に基づいて事業目標を設定します。事業目標は、組織の部門・階層レベルに落とし込んで設定しますが、その際には「事業目標の測定が可能であるか」「達成が可能であるか」などについてリスクを考慮します。

原則9〈考察〉

DXに関する事業目標は、DX戦略やリスク選好および組織のパーパス・ビジョン・コアバリューと整合して設定されます。

事業目標の設定では、次のような事柄を考慮します。

- 測定可能であるか（KGI／KPIが設定され、モニタリング可能かどうか）
- 達成可能であるか
- 組織のパーパス・ビジョン・コアバリューや、経営戦略と関連性があるか
- リスク選好と整合しているか

3. パフォーマンス

原則10：リスクの特定

当原則では、「**リスクの特定**」「**リスクの特定プロセスの統一・明確化**」「**リスク一覧表の作成によるリスクの可視化**」に関する事項を記載します。

［リスクの特定］

DX戦略や事業目標の遂行に影響を与えるリスクを特定します。

［リスクの特定プロセスの統一・明確化］

組織のリスクを特定するプロセスを明確に定め、文書化します。

［リスク一覧表の作成によるリスクの可視化］

特定されたリスクを共有・把握するため、リスク一覧表を作成することで可視化します。

原則10〈考察〉

DX戦略実行と目的達成に影響を与える潜在的なリスクを特定します。リスクとは「目的に対する不確かさの影響」であり、内部要因や外部要因には、「マイナスの影響」となる脅威と「プラスの影響」となる機会が潜在しています。それらのリスクがどのような要因で生まれ顕在化していくのかを見出します。

リスクの評価には「原因系（現場視点）」と「影響系（経営視点）」の両者のケイパビリティが必要です。現場から起きる事象を捉える視点と経営の観点からインパクトを捉える視点の両方で、組織のリスクを適切に捉えることが可能となるためです。これは「原則10：リスクの特定」から「原則11：リスクの重大性の評価」「原則12：リスクの優先順位付け」「原則13：リスク対応の実施」を通した各リスク評価のアプローチにも必要な視点です。

[リスクの特定]

DXリスクの特定に際しては、DX戦略や事業目標の達成に影響を与える既知のリスクに加えて、「新しいリスク」「エマージングリスク」「変化する既存のリスク」を考慮します。また、リスクオーナー（各リスクの管理責任・説明責任を持つ人あるいは組織）についても識別します。

「エマージングリスク」には「非常に起こりにくい」「予測不可能であること」「インパクトが大きいこと」などの特徴があります。例えば、新型コロナウイルスの感染拡大やウクライナでの戦争勃発などのシステミックリスク（経済全体を根本から混乱させるリスク）が該当しますが、このような事象はブラックスワン[4]とも呼ばれます。すべての組織が対処しなければならない事象と言えますが、たとえ高度なモデリング技術を用いたとしても、その発生を正確に予測するのは困難です。

しかしながら、このような発生の可能性が低確率であっても多大な影響を及ぼす事象を特定し、組織としての備えを図ることは、万一、壊滅的な被害あるいは特需をもたらすリスクが顕在化した場合でも、「最悪の事態の回避」あるいは「最高の結果の獲得」の確率を引き上げることにつながります（例えば、システミックリスクが発生した状況であっても自社がアドバンテージを取れるようなチャンスを見出すなど）。

DXを推進する上で、副次的に生じるセキュリティやシステムダウン、あるいはコンプライアンス上の問題など、これらの損失リスクなどを差し引いても、DXがもたらすリターンがプラスに転じるようにマネジメントする必要があります。過去に発生した脅威や他社で生じた脅威に対する再発防止に加えて、未知の脅威の発現防止によりDX推進上の脅威を最小限に抑えた上で、DX推進による価値創造の機会の最大化に努めることになります。

［リスクの特定プロセスの統一・明確化］

組織のDXリスクを特定するプロセスを文書化します。リスクの特定プロセスには下記のようなアプローチの組み合わせを検討します。

- 「インタビュー」
- 「ワークショップ」
- 「データトレース」
- 「主要リスク指標（KRI）」
- 「プロセス分析」
- 「AI／ML（人工知能／機械学習）を応用したスクリーニング」など

リスクの特定プロセスでは、次のような事柄を考慮します。

- 内部要因・外部要因の変化の把握

4　ブラックスワン：事前にほとんど予想できず、起きたときの衝撃が大きい事象。ナシーム・ニコラス・タレブの2006年の著書『The Black Swan（ブラックスワン）』の定義による。従来、スワン（白鳥）は白色と認識されてきたが、黒いスワンが発見されたことで常識が大きく覆されたことに因んで、確率論や従来の知識や経験からは予測できない極端な事象が発生し、それが人々に多大な影響を与えることを言う。

- 自社の事業や業務に大きく影響する内部環境の変化や外部環境の変化を把握する。
- 環境変化による影響度や環境変化への対応状況等について把握する。

- リスク（脅威と機会）の特定
  - 自社のリスクを特定するための適切な手法を定期的・継続的・組織的に用いる。
  - 過去のリスクに着目すると共に潜在的な未知のリスク（「新しいリスク」「エマージングリスク」「変化する既存のリスク」）も考慮する。
  - リスクの特定は、現場からの積み上げ方式で行うと共に、トップダウンでも実施する。
- リスクの分類
  - リスク間の相関関係を整理・分類する
  - リスクを集約する場合は、水平的（組織毎・組織間）かつ垂直的（職階毎・職階間）に事象を捉える。
- リスク間の相関
  - 複数の部門にまたがるリスクなど、リスクが相互にどのように影響するかについて相関関係を理解する。

「リスク一覧表の作成によるリスクの可視化」

特定されたDXリスクを共有・把握するために、DXリスクの一覧表を作成します。また、内部・外部リスクの変化に対応するために、経営者が最新のリスク状況を認識できるよう、定期的な頻度で（四半期、半年、1年後ごとなど）、リスク一覧表の内容を見直し更新します。

原則11：リスクの重大性の評価

当原則では、「**リスクの重大性の評価**」に関する事項を記載します。

［リスクの重大性の評価］

DX戦略や事業目標の遂行に影響を与えるリスクの重大性を評価します。

原則11〈考察〉

リスクの重大性の評価に当たり、対象とする時間軸を明示します。リスクを評価するための時間軸は、翌年度1年間のDX戦略と目標に対する短期のリスク評価であるのか、3～5年以上の中長期のリスク評価であるのか、あるいはDX戦略と目標の策定に用いた時間軸（対象期間）と同一であるのか、などについて明確にします。

DXの目的達成に与えるリスクの重大性を評価する基準は、DXの各実施施策の内容・工程の「規模」「性質」「複雑さ」を鑑みて、また「リスク選好（リスクアペタイト）」と一致するように、DXの実施内容・工程が変化する都度見直します。

リスクの重大性の評価には「定性的アプローチ」「定量的アプローチ」がありますが、定性的アプローチには「インタビュー」「ワークショップ」「調査」「ベンチマーキング」などが、定量的アプローチには「モデリング」「デシジョンツリー」「シミュレーション」などの手法があります。さまざまな手法の中から、各DXリスクの分析を目的に実用性・費用対対果・分析精度などを勘案して、組織において最適なアプローチを検討した上で使用します。

原則12：リスクの優先順位付け

当原則では、「**リスクの優先順位付け**」に関する事項を記載します。

［リスクの優先順位付け］

優先的に対応すべきリスクを定め、そのリスクの優先順位付けを行う基準も明らかにします。リスクの優先順位付けの際には、関連する事業目標におけるリスク選好（リスクアペタイト）を考慮します。

原則12〈考察〉

経営資源には限りがあり、想定されるすべてのリスクに同じようなレベルでの対策を実施することは困難なため、リスクの優先順位付けを行います。

全社で優先的に対応すべきDXリスクを定めた場合、結果として「なぜこのリスクの優先度が高いのか」を従業員が納得できなければ、リスクマネジメントが有効に機能しません。そのため、リスク委員会あるいは経営会議などでの審議を経て、優先的に対応すべきDXリスクを定めると同時に、リスクの優先順位付けの基準も周知することで従業員の納得感を高めます。

リスクを優先順位付けする際には、関連する事業目標のリスク選好も考慮します。例えば、セキュリティを第一に優先するリスク選好の場合、リスク評価の際にそれを最優先に置き、当該リスク対策の実施に十分な資源を優先的に配分するなど、リスク選好を資源配分プロセスに活かします。

原則13：リスク対応の実施

当原則では、「**リスク対応の実施**」に関する事項を記載します。

[リスク対応の実施]

識別されたDXリスクの重大度に応じて、リスク対応方法を決定します。対応の実効性を確保できるように、リスク対応の選択に必要な検討項目や決裁レベルを定めたプロセスを整備します。

原則13〈考察〉

リスク対応が形骸化し、実効性が棄損しないように、所定のプロセス（検

図表4-7　リスク対応の5つの分類

	分類	説明	（参考）ISO31000 の分類
1	受容	追加の対策を講じず、リスクを保有	7. リスクの保有
2	回避	リスクを発生させる状況を除去	1. リスクの回避
3	追求	より高い便益を得るためのリスクテイク	2. リスクテイク、リスクを増加させる（好ましい方向のリスクは積極的に取っていく）
4	軽減	対策を講じてリスクの発生可能性や影響度を軽減	3. リスク源の除去 4. 起こりやすさを変える 5. 結果を変える
5	共有	リスクの一部、または全部を他者と共有（保険の利用など）	6. 一つ以上の他者とのリスクの共有（契約およびリスクファイナンシングを含む）

出所：COSO ERM・ISO31000を参考にアクセンチュア作成

討事項・評価項目・決裁レベル）に則り、リスク対応方法を決定します。

リスク対応の選択

リスク対応の選択には、例えば、受容・回避・追求・軽減・共有があります（**図表4-7**）。

特定されたリスクに対して、これらのリスク対応を選択するプロセス（規定・手続き）を整備します。

リスク対応の決定プロセスには、次のような事柄を考慮します。

- 検討事項：事業環境、費用対効果、前提条件等
- 評価項目：リスクの優先順位づけ、リスク選好、リスクの重大度等
- 決裁レベル：関係部署、決裁の承認者

リスクとパフォーマンスの関係

パフォーマンスがある一定値を超えると、リスク量が増加の一途をたどるため（「原則7：リスク選好（リスクアペタイト）の定義」**図表4-6**を参照）、組織が目標とするパフォーマンスとリスク総量との関係を考慮します。「原則7：リスク選好の定義」では、組織がとり得るリスク総量の限界値（最大リス

ク量：リスクキャパシティー）をもとにリスク選好を設定しましたが、「原則13：リスク対応の実施」を通して残留リスクを評価することで、リスク許容度（リスクトレランス）に対するリスク量を判断します。

- リスク対応ではリスクをゼロにすることを目指すのではなく、リスク対応の結果、それでも残るリスク（残存リスク）を、リスク選好とリスク許容度の範囲内に収めつつ、パフォーマンスの最大化を狙います。
- 企業の部門など、個々の単位ではリスク許容度内となっているものの、各々の単位のリスクを合計すると、企業全体のリスク選好を超えてしまう可能性もあります。一方、企業全体で見ると他のリスクとの相殺が可能な場合、必ずしも残余リスク量を極限まで減らす必要のないケースも考えられます。
- リスク対応策は、リスク・コスト・リスク許容度のバランスをとることが重要です。

原則14：ポートフォリオの視点の策定

当原則では、「**ポートフォリオの視点からのリスク・リターンの検討・判断**」に関する事項を記載します。

[ポートフォリオの視点からのリスク・リターンの検討・判断]

統合的なポートフォリオの視点で検討・判断を行い、DXリスクを評価します。

原則14〈考察〉

原則10から13にかけて、DX戦略の実行や目標達成に影響を与えるDXリスク（機会と脅威）の特定・分析・評価・対応について各プロセスを紹介しました。「パフォーマンス」の最後となる原則14は、リスクとリターンの相関関係について、ポートフォリオの視点から検討するプロセスになります。

図表4-8　リスクの検討・判断の視点レベル（イメージ）

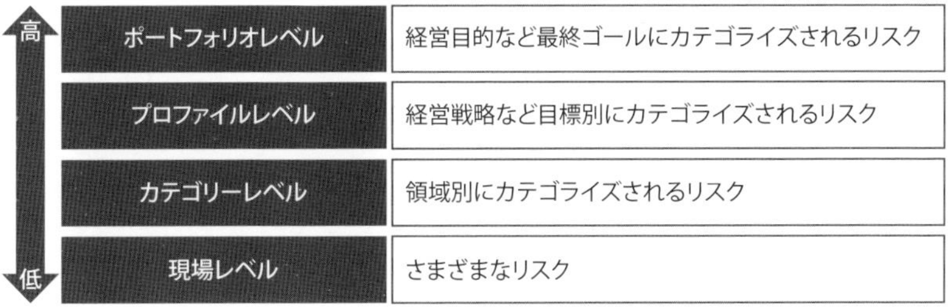

出所：COSO ERMを参考にアクセンチュア作成

- 経営者はDXに関するリスクテイクの判断を現場レベルの認識や対応に委ねるだけでなく、より高次の視点から、組織間の相反するリスク・リターンの相関関係の調整を主導します。
- ポートフォリオの視点とは、経営視点で、部門横断的にDXリスク（機会と脅威）を捉える高次の視点です。
- ポートフォリオの視点でリスクについて統合的な検討・判断を行うことが、リターンを最大化するダイナミックな経営判断につながります。その際、定性的な分析・評価だけにとどまらず、可能な限り定量的な評価と対応策の策定をもとに、検討・判断を行います。
- なお、組織のリスクを検討・判断するレベルには大きく4つの階層が考えられます（**図表4-8**）。
  - ポートフォリオレベル：最終的な経営目的に統合されるリスク
    （「全社的なDXによる価値創造」「デジタル企業への変革」等）
  - プロファイルレベル：個々の経営目標の視点でカテゴライズされるリスク
    （「顧客サービス体験の向上」「財務基盤の強化」等）
  - カテゴリーレベル：リスク領域によりカテゴライズされるリスク
    （「コンプライアンスリスク」「オペレーショナルリスク」等）
  - 現場レベル：最小単位のさまざまなリスク

4. レビューと修正

原則15：重大な変化の評価

当原則では、「**重大な事業に関する変化の評価**」に関する事項を記載します。

［重大な事業に関する変化の評価］
DX戦略と事業目標に実質的に影響を及ぼす可能性のある変化を特定し、評価します。

原則15〈考察〉

DX戦略と目標の達成に影響を及ぼすような、内外の大きな環境変化を常に捉えて、変化に応じてリスクを再識別・評価・認識するためのプロセスをDX推進活動に組み入れ、継続的に実施します。そのため、予め事業変化を識別・評価する運用について定めます。

DX戦略と目標の達成に影響を及ぼすような、内外の大きな環境変化（例）

【外部環境】

- 法規制の変化
- 競争環境の変化
- 社会環境の変化
- 国際情勢の変化
- DX戦略の前提事項の変化
- テクノロジーの変化
- サイバーセキュリティ脅威の変化

【内部環境】

- 組織の変化（会社統廃合や社内組織変更等）
- 人の変化（重要なステークホルダーの交代等）
- 投資環境の変化（財務状況の変化等）
- 実施したリスク対策による影響
- レガシーシステムの影響変化（大規模障害やプロジェクト遅延等）
- DX 戦略の前提事項の変化
- サービスプロバイダーの変化（クラウド提供企業等の方針変更やM&Aによる契約内容の変化等）

原則16：リスクとパフォーマンスのレビュー

当原則では、「**リスクとパフォーマンスのレビュー**」に関する事項を記載します。

［リスクとパフォーマンスのレビュー］

DX の戦略実行や目標達成に対するレビューを行います。

原則16〈考察〉

DX の戦略実行や目標達成に対して、下記のような事項をレビューします。

未達成項目に対する分析

- 設定された目標や指標の遂行状況に対する定期的なレビューを行う際に、未達成項目について具体的な取り組み内容の振り返りを実施するなど、未達成項目に関する要因分析を行います。
- 外部・内部の環境変化に伴うリスクの変化の有無と、リスクマネジメント状況を検証します。

- リスク選好とリスクテイクの実態に乖離がなかったかについても検証します。

パフォーマンス目標の修正

- 目標に対するパフォーマンスが、許容できる範囲内に収まっていない場合、リスクに見合ったパフォーマンス目標の修正を検討します。

パフォーマンスの継続的モニタリング

- 設定された目標に対するパフォーマンスを継続的にモニタリングすることで、経営に重要な影響を及ぼすリスクの発生や変化を認識・特定します。また、モニタリングを通じて、新たなリスクの認識や、リスクの再評価を行います。

原則17：リスクマネジメントの改善の追求

当原則では、「**リスクマネジメントの改善の追求**」に関する事項を記載します。

[リスクマネジメントの改善の追求]

DXリスクマネジメントの改善を促します。

原則17〈考察〉

経営者は、DXの戦略実行や目標達成に対する各階層の管理者による日常的なモニタリング結果を報告させることで、レビューを行い、必要な改善のアクションを促します。

経営者によるレビューには、下記のような事項が該当します。

モニタリング活動結果

- DX戦略実行や目標達成に対するパフォーマンス状況については、各階層の管理者による日常的モニタリング結果をレビューします。

中長期的な視点でのDXリスクマネジメントの改善

- 1～2年の短期視点ではなく、中長期的な視点で、パフォーマンスなど、改善のためのレビュー・アクションを実施します。

5. 情報・伝達・報告

原則18：情報と技術の有効活用

当原則では、「**情報と技術の有効活用**」に関する事項を記載します。

［情報と技術の有効活用］

企業の情報やIT技術を活用して、DXリスクマネジメントをサポートします。

原則18〈考察〉

DXの戦略実行と目標達成において、意思決定に有用な情報の収集と活用、新たなIT技術導入に伴うリスクの検討を行います。

企業の情報やIT技術の有効活用において、下記のような事項を確認します。

意思決定に有用な情報の収集と活用

- 経営者は、DXの戦略実行と目標達成に関する意思決定に向けて、必要な情報を収集し、それらの蓄積された情報を有効に活用するなど、情報の収集と活用について定義します。
- DXの戦略実行と目標達成において、組織を競争優位に導くため、経営者の意思決定の「どの段階で」「どのような結論を導くために」「どのような情報を」「どのように活用するか」など、組織の方針として明確にしておくことで、より機動的な意思決定を行います。

新たなIT技術の導入に伴うリスクの検討

- 組織が新たなIT技術を導入しようとする際に、それに伴うリスクやコスト、および自社の既存のIT技術の活用について十分に検討します。

事業環境の変化に対応した情報システムの変更

- 事業環境の変化や事業構造の変化に対して、組織の情報システムに適宜、必要な変更・改善を行う体制が構築され、有効な運用が行われているかを検証します。

原則19：リスク情報の伝達

当原則では、「**リスク情報の伝達**」に関する事項を記載します。

[リスク情報の伝達]

DXリスクマネジメントの活動を支えるため、有効なコミュニケーションチャネルを用いてリスク情報を伝達します。

原則19〈考察〉

優れたガバナンスの要素の一つに、明確なコミュニケーションと報告があります。適切な人に最新の情報が提供されなければ、適切な判断を下すことが困難であるためです。組織におけるDXリスク対応が適切に遂行できるよう、DXリスクに関する情報伝達の責任部門と適切な伝達の経路を設定します。また、伝達されるべき情報が、必要な受け手に伝達されているか、その有効性について定期的に検証します。

オープンなコミュニケーションとデータが共有されることで、関係者がDXリスクの最新情報と対応状況を認識し、説明責任を果たすことが促されます。これによりDXの目標達成に向けた社内のリスクマネジメントが強化されていきます。

原則20：リスク・文化・パフォーマンスの報告

当原則では、「**リスク・文化・パフォーマンスの報告**」に関する事項を記載します。

[リスク・文化・パフォーマンスの報告]

リスク・文化・パフォーマンスについて、複数の階層あるいは全社にわたって報告します。

原則20〈考察〉

DXに関するリスク・文化・パフォーマンスに関する報告には、下記のような事項が該当します。

- DX戦略や目標達成に関する取締役会への報告は、潜在的なリスクの影響度や期待されるパフォーマンスなど、戦略・目標・リスク・パフォーマンスに関連付けた内容とします。
- 報告先（取締役会、経営者、部門管理者、リスク担当など）により、報告内容は異なるため、報告先・報告の利用者を明確にした上で受け手がリスク対応を適切に遂行できる情報を伝達します。

- 報告先・報告の利用者と意思疎通を図ることで、提供する情報の内容と頻度をニーズに合ったものとします。

なお、取締役会へ、3ラインモデルにおける1線と2線からの報告、そして3線からの監査結果の報告が行われることで、取締役会が企業の状態を多角的に把握することが可能となります。

- 例えば、1線からは「DX進捗の状況」「戦略・目標の達成見込み」「変更の有無」などを、2線からは「DXリスクの状態」「コンプライアンス」などに関して、3線からは「内部監査の結果」について、各々取締役会へ報告します。

おわりに

DXと不確実性

デジタルテクノロジーによる変革を、100年に一度あるいは一世代に一度のチャンスとするためにも、DXに関するリスクマネジメントを意識的に行うことの重要性を、本書を通してお伝えしてきました。

リスクマネジメントの国際規格ISO31000によると「Risk（リスク）」とは「Effect of Uncertainty on Objectives（目的に対する不確実性の影響）」[1]と定義されています。文字どおり、先行きのわからない「不確実性」が、「ポジティブ」あるいは「ネガティブ」に振れることで、抱いた期待を「上回る」、あるいは「裏切って」、「機会」もしくは「脅威」をもたらすのがリスクの性質です。

あらゆるものを取り巻く環境が複雑さを増して、ステークホルダーの価値観もますます多様化していることから、これまでの取り組みでは以前のような高いパフォーマンスを発揮することが厳しい、不確実性の高い時代となりました。

しかし、その不確実性をさまざまなチャンスに転用することで、アドバンテージを取っていく（優位な立場に立つ）ことが競争優位の源泉となる時代でもあります。変わることを怖れなければ、日本企業は再び飛躍できるはずであり、この不確実性に対処するリスクベースの考え方は、より浸透してい

1　ISO：31000「Effect of Uncertainty on Objectives」について
JIS Q 31000:2019の日本語訳は「目的に対する不確かさの影響」

くものと考えます。本書のおわりに、リスクマネジメントが担う役割について考察してみたいと思います。

1990年代のカーツワイル氏による未来予測

AI（人工知能）が人間の思考を超える「シンギュラリティ（技術的特異点：technological singularity)」という概念がありますが、SF小説がきっかけで、広く世の中に普及したと言われます。興味深いことにSF（サイエンス・フィクション）は、長い間、科学、特にテクノロジーのインスピレーションとなってきました。十数年前にはイノベーションの方法論としてSFプロトタイピング（Science Fiction Prototyping：SFP）も生まれました。そのSFのアイデアを多数の実例と共に展開して「2045年には人間の脳とAIの能力が逆転するシンギュラリティに到達する」と提唱したのは米国の発明家・未来学者のレイ・カーツワイル氏でした。

2001年に「収穫加速の法則（リターンを加速する法則）：The Law of Accelerating Returns)」を発表し「科学技術がイノベーションの速度を加速することで、直線グラフ的ではなく指数関数的に進歩し、2045年頃には人間の脳の働きを超えていく」ことを予測しました。しかしこれは物議をかもし、「シンギュラリティは来ない」などと散々に叩かれました。

それでもカーツワイル氏は2005年に『シンギュラリティは近い――人類が生命を超越するとき（*The Singularity Is Near：When Humans Transcend Biology*)』でシンギュラリティが起こる近未来を改めて宣言しました。その後、2012年以降のディープラーニングの爆発的な普及で、このシンギュラリティの概念は世界的に大きく広まりました。

カーツワイル氏は、1990年代の自身による147の予測のうち、86％の予測が正確な年号まで当てていたことを証明しました。今後は「2029年にはコンピューターが人間レベルの知能を持つようになる」「2047年にはシンギュラリティが現実となり、マシンの知能が人間を何倍も上回るようになる」などの予測が注目されています。すでに神経の動きをシミュレーションしたニューロコンピューター[2]は現実のものとなっており、コンピューターのニューロン数が、やがて人類の脳のニューロン数を超えて「機械が人類の脳を超える」状態になるシンギュラリティの到来は時間の問題と見られています。

カーツワイル氏は「いずれ人間の脳をコンピューターに接続する方法が解明され、ほとんどの思考はコンピューターの合成脳で行われ、人類は脳をクラウドにバックアップできるようになる」と言い、2045年までに起こると予測したシンギュラリティの時代には「人間の脳が生物学的な脳機能を超えて、脳に統合されたコンピューターで人々の思考が行われるようになり、クラウド上で拡張され継続的に拡大していくことになる」と予測しています。

DXとシンギュラリティ：人類が受ける恩恵 ――“ポジティブな機会”になるリスク

進化の法則によると、生き残り繁栄していくためには、明確な存在上の優位性を確立する「何か」を見出す必要があります。企業も生存繁栄のためにDXを推進し、組織のDNAであるパーパスを核に競争優位性を確立する方向に向かっていると言えるかもしれません。

シンギュラリティへ向かう過程に、もちろんDXは関わっています。第1章で述べた「ステークホルダー資本主義」へのパラダイムシフトの中、世界規模で、対応すべきサステナビリティの課題解決をワープスピード（超高速）で急ぐためには、DXによる指数関数的な飛躍的進歩が不可欠です。テクノロジーの可能性が極めて大きい未来へ向けて、企業は自社のパーパスとどう整合し共存を図っていくか、シンギュラリティの到来を含め、人類が受ける恩恵が無限大に拡大していく世界を見通して、ポジティブな機会を追求すべ

2　ニューロコンピューター（Neurocomputer）：脳の持つ情報処理能力を、人工的に実現させることを目的としたコンピューター。ニューラルコンピュータと呼ばれることもある。脳の基本素子である神経細胞（ニューロン）や、それらが結合した神経回路網（ニューラルネット）の構造や情報処理メカニズムを基礎としている。

き時が来ています。

サステナビリティ事業がもたらす大規模な経済効果もその一つです。「サーキュラーエコノミー（第1章を参照）」の分野にも大きな期待がかけられていますが、いずれ高度な知能を蓄えたAIに資源管理を任せることで、大都市の二酸化炭素の排出量は正味ゼロになり、廃棄物ゼロも可能となることが予測されています。

DXとシンギュラリティ：人類が被る損失 ——“ネガティブな脅威”になるリスク

シンギュラリティは、人類にとって危険であり回避すべき、と考える人々も存在します。1つにはDXと同様に、シンギュラリティという言葉にも、両刃の要素があるためです。この種のイノベーションには、新しく画期的な方法をもたらす性質がある反面、ディスラプションを起こして既存の業界や社会に破壊的な影響を与えてしまう性質があります。

結果的に、技術革新を手に入れた人は、そうでない人よりも間違いなく有利になるため、イノベーションや技術革新の不確実性が、一部の権力者や巨大企業などによって乱用される場合には、富の公正な分配を妨げるリスクになります。

こうした極端な経済格差を拡大するという側面は、テクノロジーそれ自体の功罪というよりも、そのテクノロジーを利用する社会の課題です。格差の緩和策として、ベーシック・インカムの導入などが改めて議論されるなど、テクノロジーの進化を踏まえて、社会制度のあり方から考え直す時期に来ています。シンギュラリティにより、AIをはじめとするマシンと人との関係が大きく変化することが予測される中、手遅れとなる前に、倫理的な観点も含めた新たな規範（スタンダード）の制定が求められています。

あなたはシンギュラリティをどう捉えますか

シンギュラリティの到来が社会に与えるインパクトは、賛否両論に分かれます。このように各人の立場により見解が変わる不確実性ですが、総合的に見た場合、圧倒的に人類の進化において好ましい方向のインパクト（利益）へ振れるものと考えられます。

事業戦略においては、時代の流れを予測して、自社でチャンスを最大化する方向を見出し、同時に生じるダウンサイドリスクを最小限に抑え、長期的な企業の収益力・資本効率の改善、それに伴う持続的な企業価値の向上を目指す動きが主流になっていくものと思われます。

不確実性の時代に重要性を増すリスクマネジメント

今後はますます、個人の経験では理解できないサービスや職業が登場してくることが予見されます。「わからない、知らない」という理由で、チャンス（アップサイドリスク）を拒否する姿勢は、自社の損失そして自らにダメージ（ダウンサイドリスク）をもたらしかねません。興味深いことに、知らない事象や、理解できない事象、価値観の違う事象にこそ、チャンスは潜んでいるものです。

長年にわたり習慣的に続けてきた事象から、まったく異なるイノベーションに遭遇した場合、人がそれを受け入れることは容易ではありません。しかし習慣や文化を超えて、未来を再構築する英断は組織のリーダーにかかっています。

不確実性の高い世界に向かって、リスクマネジメントの視点は、ますます重要になっていくと考えられます。

2020年からのパンデミックで完全に経済が回復していない中、2022年2

月からロシアによるウクライナ侵攻が始まり、世界は再び大きな衝撃を経験しました。人道的な影響もさることながら、対ロシア制裁の影響から、グローバルなサプライチェーンや生産ネットワークに障害が生じて、物価上昇圧力から世界的な景気後退を招いています。

リスクマネジメントを支えるのは人の判断です。組織、従業員、顧客、株主、地域社会に対する深い理解と、各々の繁栄と幸福を追求する姿勢が、企業のリーダーを始めとして、組織を構成する一人ひとりに期待されています。

謝辞

本書の刊行にあたり尽力をいただいた東洋経済新報社の藤安美奈子さん、アクセンチュアマーケティング・コミュニケーション本部の中須藤子さん、吉岡はゆるさん、佐々木雅子さん、法務本部の小林貴さん、そしてアクセンチュアテクノロジーコンサルティング本部より常務執行役員統括本部長・土居高廣さん、執行役員成長戦略グループ日本統括・市川博久さん、執行役員インテリジェントプラットフォームサービス・トランスフォーメーションセールス&デリバリーグループ日本統括兼アクセンチュアGoogleCloudビジネスグループ統括・永田満さん、執行責任者マネジング・ディレクター・木元由基さん、トランスフォーメーションコンサルティング日本統括兼カスタマー&セールス日本統括マネジング・ディレクター・谷山敬人さん、インテリジェントソフトウェアエンジニアリングサービスグループ共同日本統括マネジング・ディレクター・山根圭輔さん、ストラテジー&リスク・セキュリティのアソシエイトディレクター・佐久間敦さん、シニアマネージャー・江成秀午さんへ、心より謝意を表します。

付録A：DXのロードマップ

DXリスクを想定するために、その工程を知ることは重要です。DXという総合的な変革の実行には、過度に急進的なアプローチではなく、企業が安全に変革を達成するための道筋が必要です。安全な変革とは、組織能力の再構築・再編成に重点を置いた、企業活動全体にわたる統合的な変革アプローチを意味します。

- その複雑な工程を、遠回りすることなく加速させるために、企業は各領域の変革を管理可能な要素に分解する必要があります。
- 個々の企業のDX推進のための順序・速度・取り組みのレベルは異なるため、あくまでも参考情報として「戦略」「組織」「事業」「技術」「人材」の5つの領域を20の単位にブレークダウンした一例を下記に示します。

1　戦略（Strategy）

企業がDXに成功するために、まず事業とITを統一した成長戦略を描く必要があります。「DXのロードマップ」では、顧客中心主義の考え方と、DXへの投資を自己資金で賄う投資モデルをもとに、将来の成長シナリオを設定します。

1-1　成長：DXによる組織全体の成長・持続的な企業価値(財務／非財務)創出

サマリー	▶今後３年～５年の間に、競争優位を獲得するための技術基盤や、顧客、市場、地域、産業について定義する ✓ DXによる価値創造と持続的成長の機会を手に入れるため、必要となるデジタル能力や、新たな製品・サービス、市場機会、競争優位性を特定する **これまでのあり方**　戦略的なプログラムやプロジェクトを、事業部ごとにサイロ化された短期～中期の予算プロセスで実行

	↓ **これからのあり方**　デジタルを基盤とした組織全体の長期成長計画の下で、財務・非財務の持続的企業価値を創出
アプローチ	▶経営者は明確なビジョンと目標を設定し、それらを全組織に定着させ、DX 成功のマインドセットを確立する ▶新たなビジネス機会を獲得するため、デザイン思考（ユーザー視点から製品・サービスの本質的な課題・ニーズを発見し、解決策を見出す思考法）などのアプローチを用いて、ビジネスシナリオを検討する ▶新しい戦略の導入は、イノベーションに特化した組織から着手し、最終的には自社事業のあらゆる部分で革新を展開することで、変化する市場環境に適応可能な組織能力を構築する
アウトカム（成果・効果）	▶新たな成長・投資機会 ▶組織体制の再編成（経営資源の集中化と調整） ▶優先的な投資分野・テーマの明確化

1-2　顧客中心主義：顧客ニーズと顧客提供価値へのフォーカス

サマリー	**▶企業価値の源泉となる、顧客とのインタラクティブな接点を設定する** ✓カスタマージャーニー（顧客が商品を購入し、利用するまで、場合によっては最終的に廃棄するまでの時系列のシナリオ）と、顧客にとって価値のあるインタラクションポイント（即応可能な企業との双方向の接点）を理解する **これまでのあり方**　製品・機能・サービスを重視する文化 ↓ **これからのあり方**　顧客からのフィードバックを受け止める明確なチャンネルを整備し、顧客ニーズと顧客への提供価値にフォーカスする文化
アプローチ	▶顧客とのインタラクションポイントを示すマップを作成する ▶顧客ニーズを製品・サービスに反映させ、企業価値を高める ▶顧客を識別・理解するためのテクニックや手法を継続的に採用し、マーケティングを刷新する
アウトカム（成果・効果）	▶顧客の維持・獲得 ▶製品・サービスの品質向上 ▶顧客へ提供する価値・成果に関係しない分野・組織の廃止

1-3　価値：顧客提供価値の流れ（Value Stream）

サマリー	**▶リアル・ネット・デバイスの隔たりを無くしたシームレスでスムーズな購買体験と、IT コストに対するアプローチを根本的に変えるビジネス成長戦略を策定する** ✓プロジェクトごとに投資基準や ROI を設定して資金投入するのではなく、DX 成功を可能とするために、継続的に成果を測定・調整する価値創造に焦点を当てたモデルを導入する ✓例えば、評価方法（短期の目標を設定し、高い頻度で成果をトラッキング・再評価する OKR：Objectives and Key Results などの手法）や、

	インサイトの活用（顧客データの取得・分析による顧客行動に関する考察と発見）、戦略的投資としての優先順位付け、資金の調達方法などが含まれる **これまでのあり方**　ROI と投資額の基準を設けたワンタイム（1 回限り）のプロジェクト資金調達 ↓ **これからのあり方**　継続的に成果を測定し、見直すことで、粘り強く成果を出し価値を実現するチームに資金を提供
アプローチ	▶焦点を当てるべき価値を見極め、そのチャンスを特定する ▶従来の IT コストに対するアプローチを根本的に変える（固定費の削減で、自己資金による新しい資金調達を可能にし、価値を提供するなど） ▶成果に基づいて価値を測定する
アウトカム （成果・効果）	▶製品・サービスを担当するチームの能力向上の促進 ▶結果ベースの考え方への転換 ▶変化の激しい市場環境の中での、迅速な組織変革の実現

1-4　コスト：コストの最適化（固定費と裁量費の比率など）

サマリー	**▶競争条件の変化を踏まえて、企業が継続的・持続的に進化するために、必要となるイノベーション資金を確保する** ✓従来の IT システムの維持･運用予算から､DX のための予算を切り出して、イノベーションを生む価値の高い活動へ振り替える **これまでのあり方**　IT 予算は限られ、システムの近代化やイノベーションに対する投資には制限がある ↓ **これからのあり方**　IT 予算の最適化で、ビジネス成長のための投資へ回す
アプローチ	▶コスト削減策を明確に定義し、IT コストの最適化を図る ▶コスト効率の高いソリューション（クラウド、モダンアーキテクチャー、自動化など）を活用し、レガシーシステムの技術的制約を減らす ▶ RPA（ロボティック・プロセス・オートメーション）や AI／ML（人工知能／機械学習）などのデジタルソリューションを活用した変動費構造へ移行する ▶環境変化を認識し、ゼロベース思考（既存の考えをリセットし白紙の状態で捉えること）でサステナブル（持続的）な IT サービス・支出・投資へ移行する
アウトカム （成果・効果）	▶リターン・再投資が可能な財務的価値の獲得 ▶変化する市場に対応可能な組織能力の強化・向上

2 組織（Organization）

顧客へ提供するサービス品質や、各種の応答・反応の速度・価値の向上を目的として、ビジネスのあらゆる側面にテクノロジーを統合することで、組織を再編成します。

2-1 組織能力：ビジネスチームとITチームの共創

サマリー	▶**顧客志向のビジネスを実現するIT基盤を構築するため、社内組織の機能的な障壁を取り払い、コラボレーションと創造性を促進する組織構造を再構築する** ✓システム投資戦略とビジネス投資戦略を整合させる **これまでのあり方** ビジネス側とシステム側の機能に対する優先度や投資内容が不一致 ↓ **これからのあり方** ビジネスの優先度を反映したシステム投資戦略により、ビジネス側とシステム側の機能が明確に整合
アプローチ	▶顧客提供価値を高めるため、ビジネスにとって優先度の高いテクノロジーを理解・識別する ▶適用可能な製品・サービスを特定する ▶顧客へ提供する価値の流れ（Value Stream）に結びつける
アウトカム（成果・効果）	▶期限・予算を調整する「プロジェクト」志向から、顧客ニーズを見据え意思決定する「プロダクト」志向への転換・実行 ▶デジタルの活用で顧客との近い距離感が実現したことによる、チームメンバー全員の共感性・責任感・創造性の向上 ▶ビジネスチームとITチームの共創

2-2 チーム：ビジネスとITが垂直統合したクロスファンクショナルチーム

サマリー	▶**ビジネスとITが連携し、製品やサービスごとに組織化されたクロスファンクショナルチームを組成する** ✓クロスファンクショナルチーム： ・「プロダクト」別に編成され、垂直的に統合された専門チーム ・製品・サービスに関する業務を、最初のアイデアから顧客価値の実現までエンド・ツー・エンドで対応 ・ビジネス側とIT側のメンバーが連携し協働 ✓各部門からさまざまな経験・知見を持つメンバーを揃えたクロスファンクショナルチームが、組織間の依存関係を取り除き、結束力を高め、エンド・ツー・エンドで主体的に対応することで、機敏性と品質を向上 ▶**垂直的に統合された専門チームでビジネスとITが共通のビジネス目標を達成する** ✓非生産的なプロセスや待ち時間などを排除して、労力と時間を削減する ✓ビジネスとITの間で、業務目的、文化、成功の尺度を一致させる ✓垂直統合されたクロスファンクショナルチームは、エンド・ツー・エン

	ドで製品・サービスに関する責任を負うことで、優れた能力を発揮していく ✓製品・サービスの提供品質の向上は、KPI に基づく評価指標で管理する ✓柔軟でスケーラブルなデリバリー能力の提供で、変化の早い市場トレンドやビジネスニーズに対応する **これまでのあり方**　IT チームの技術能力はビジネスと切り離されサイロ化 ↓ **これからのあり方**　製品・サービスごとに組成するクロスファンクショナルチームで、ビジネスと IT が連携・協働
アプローチ	▶ IT 組織を、水平的な分業モデルから、ビジネスに応じた垂直的なデリバリー構造へ再編成する ▶顧客価値を提供するために必要な、ビジネスと IT の役割を明確にする ▶垂直統合されたチームによるエンド・ツー・エンドのオーナーシップを実現するために、コンピテンシーを設計・構築する
アウトカム （成果・効果）	▶部門や組織間の依存性の排除 ▶（プロジェクトベースの短期的な配属で生じやすい）人員の制約の解消 ▶（企画から顧客へのサービス提供に至るまでエンド・ツー・エンドでの業務実行による）チームメンバーの責任感と主体性の向上

2-3　ビジョン：ノーススター（北極星）への方向づけ

サマリー	**▶全社共通で目指すべき姿（北極星：ノーススタービジョン）を定義し、そのビジョンを実行するため組織を整える** **▶ビジネスと IT が垂直統合したクロスファンクショナルチームは、ノーススタービジョンの下で、全タスク（作業）に優先順位をもたせて透明性を上げることで、無駄な作業を排除しスピードを向上させ、充実した顧客体験を提供する** ✓すべての作業を、明確な優先順位と透明性を備えた単一のノーススタービジョンに連結することで、重要度の低い業務が排除され、対応スピードが増し、顧客体験（カスタマーエクスペリエンス）が向上する ✓ノーススタービジョンに基づき、優先順位をつけて、デリバリーからオペレーションまでの作業を行う **これまでのあり方**　各部門の優先度で各部門の方針が決定される場合、全社で目指すべきビジネスの目的と必ずしも一致しない ↓ **これからのあり方**　組織共通のノーススタービジョンに基づき、明確な優先順位付けと透明性を確保
アプローチ	▶組織の将来の姿を支えるビジョンを定義する ▶業務で使用するツールは、社内共通の設定等を適用し、全社横断的に導入する ▶バックログ（予定作業）に優先順位を付与する管理方法の構築と継続的な改善の実施 ▶すべての作業項目がノーススタービジョンに合致しているかどうかを確認する
アウトカム	▶ビジネスと IT での用語の統一

（成果・効果）	▶（適切なタイミング・適切なワークへの取り組みによる）付加価値のない作業・無駄な作業の排除 ▶（作業の可視性と透明性の向上による）迅速な意思決定の実現

2-4　成果：ビジネスとITで成果重視のKPI共有

サマリー	▶**ビジネスとITは成果重視のKPIを共有し成功を測る** ✓チーム全体の成功をKPIとして継続的に評価することで、互いの連携を深め、顧客中心主義を促進する ✓高度化されたKPI（主要業績評価指標）やメトリクス（活動別指標）は、アジリティ（機敏性）などのパフォーマンス向上の測定や、製品の使い勝手、成長の可能性などを見極めるのに役立つ ✓主要な活動の測定は、チームが一致団結して顧客と成果に集中するための環境整備に寄与する **これまでのあり方**　従来のITの成功はSLAの指標で測定 ↓ **これからのあり方**　ビジネスとITは、共通の成果指向のKPIで成功を測定
アプローチ	▶成功指標を機能別のSLAから、チーム別（クロスファンクショナル）のKPIへ変更する ▶顧客との取引に影響する主要なシステムに関する、評価指標をメトリクスに取り入れる ▶将来のビジネスに貢献する「先行指標（顧客満足度・新規顧客獲得数など）」と、「遅行指標（財務情報など）」の双方を用いて成果を測定する
アウトカム （成果・効果）	▶（重要な活動をKPIとして測定した効果による）チーム全員の顧客への集中 ▶（顧客の共感を生む仕組みを構築することによる）業績の向上 ▶（データに基づく意思決定による）顧客ニーズへの迅速な対応

3　事業（Practice）

テクノロジーを駆使した組織を運用していくには、アジリティ（機敏性）を備えた事業プロセスが必要です。変化のスピードが増していく中で、顧客の期待に沿って、目標とする成果をタイムリーに提供するために、最新のITテクノロジーを備えた新しい業務手法が必要となります。

3-1　ハイパーオートメーション：RPA・AI／MLでプロセスの自動化

サマリー	▶**ハイパーオートメーション（RPA：ロボティック・プロセス・オートメーションやAI／ML：人工知能／機械学習などを組み合わせた複雑なビジネスプロセスの自動化）を導入する** ✓最新の技術や開発手法を利用し、データに基づいた業務運営とすることで、価値を生み出すスピードとビジネス成果をもたらす品質を向上させる

	✓既存のプロセスを分析し、無駄を排除する機会を探し、業務効率を最適化し、自動化する ✓製品・サービスの計画から構築、そして価値創出に至るプロセス間の接続を、エンド・ツー・エンドで自動化することで、市場投入までの時間を短縮する ✓アナリティクス、AI、RPA、バーチャルエージェント（AI 等を利用したサポートチャットなど）、システムインテグレーション、オペレーション（アプリケーションとインフラ）、DevOps などを活用したビジネスプロセスの自動化を、プラットフォームベースで管理することで、スケールとスピードのあるハイパーオートメーションの実現を促進する **これまでのあり方**　エラーが発生しやすく、時間のかかる、細分化されたマニュアル作業 ↓ **これからのあり方**　ハイパーオートメーション（自動化）とコネクティビティ（接続性）により企業全体で業務効率を最適化し、計測可能な業務
アプローチ	▶エンド・ツー・エンドで業務プロセスをシームレスに接続することで、「プロダクト」の開発ライフサイクルを効果的に圧縮する自動化されたソリューションを構築する ✓業務プロセスの例：テスト、インテグレーション、プロビジョニング、デプロイメントの自動化など ▶優先度の高い業務（重要システムや 24／365 の業務など）を対象に、迅速なハイパーオートメーションを導入する ▶優先度が中程度の業務には、迅速な対応チーム（Rapid Response Team）を設置する
アウトカム（成果・効果）	▶生産性の向上 ▶品質の向上 ▶システム障害の軽減 ▶従業員の潜在能力の解放 ▶ IT マネジメントの効率化

3-2　モダンエンジニアリング：MVP・アジャイル・DevOpsによる効率性向上

サマリー	**▶迅速な構築・測定・学習サイクルと継続的なフィードバックによる新しい製品・サービスの開発手法で、顧客への提供価値を高める** ✓新製品の開発手法に自動化を組み入れることで、価値を生み出すスピードを高め、質の高いビジネス成果を生み出し、自社の能力を刷新する 【MVP（Minimum Viable Product）アプローチ】 MVP は必要最小限の機能を持たせた製品・サービスをユーザーに提供することで、サービスの開発段階からユーザーの声を吸い上げる仮説検証を目的とする。ユーザーからのフィードバックをもとに、開発中の製品・サービスが売れるかどうか、本当にユーザーから求められているのかどうかを、最短で判断する ✓MVP アプローチの採用で、新しい製品・サービスを提供するソリューションを拡張する前に、継続的な構築・測定・学習のサイクルを回していくことで、顧客へ提供するビジネス価値を増加・増幅させる

	これまでのあり方　納品サイクルのスケジュールは遅く、フィードバックの頻度は低く、顧客ニーズに適合し難い ↓ **これからのあり方**　迅速な構築・測定・学習サイクルと継続的なフィードバックにより、製品・サービスの開発を促進し、顧客ニーズへの適合を実現
アプローチ	▶「プロダクト」別に編成·垂直統合された専門チームが、デザイン思考（ユーザー視点から製品サービスの本質的な課題・ニーズを発見し、解決策を見出す思考法）や、ポートフォリオ管理、MVP、継続的イノベーションなどの方法論を採用し、迅速なソフトウェア開発方法を導入することで、顧客へ提供する価値の流れ（Value Stream）を最適化する ▶クラウド、ビッグデータ、API（アプリケーション・プログラミング・インタフェース：アプリ間を連携する仕様）、コンテナ技術（アプリの動作環境を仮想的に構築する技術）、マイクロサービス（モジュール化した機能を組み合わせてソフトウェアを構成する開発技法）、疎結合アーキテクチャー（要素間の依存関係を減らしたマイクロサービスなどのシステム構成）などの新しいテクノロジーを活用する ▶統合された専門チームが、デザイン思考とリーンプロダクト思考（ムダを最小限に抑えつつ顧客価値の最大化を指向した製品開発の考え方）をもとにモダンアプリケーション開発（品質を確保しながら迅速なソフトウェア開発を可能とする手法）を実践する ▶効率性や価値の流れを最適化するため、ポートフォリオ管理、MVP、継続的イノベーションなどの手法を用いる
アウトカム （成果・効果）	▶ MVP による効率性の向上 ▶アジャイル開発、継続的デリバリー（自動化で新しいコードのリリースを迅速化するソフトウェア開発手法）、DevOps*による効率性の向上 ＊【DevOps（Development and Operations)】 開発（Development）担当者と運用（Operations）担当者が緊密に協力・連携し、開発を迅速に進める仕組み。市場投入までの時間短縮、高い顧客満足度の創出、「プロダクト」の品質向上、ソフトウェア提供プロセスの自動化、生産性や効率性の改善、開発能力の育成、組織改革の強化など、多様な相乗効果を生み出す ▶クラウドやブロックチェーン、AI（人工知能）、ML（機械学習）など、革新的なテクノロジーの活用による効率性の向上 ▶開発サイクル全体の品質と一貫性の向上 ▶一貫性のある設計方針から生み出される、より良い顧客体験 ▶各部門に存在していた情報や人など、組織内の重要な資産の集積と新たな活用による生産性の向上

3-3　データ駆動型インサイト：AI／MLでインテリジェントな仮説発見

サマリー	**▶変化の早い環境の中でも、データ駆動型インサイト（事実を捉えて、データから得られるインサイト「洞察」に基づいて仮説を発見し、意思決定を下すことで具体的なアクションへとつなげる）によりビジネスを拡大する** ✓従来の経験と勘による仮説検証型ではなく、データに基づく仮説発見型（事実を捉え、インサイトに基づく）で意思決定を行う ✓デジタル社会において、組織はデータと AI の活用に責任を持ち、イノベーション、ビジネスモデル、パートナーシップを推進する必要がある **これまでのあり方**　経験と勘による仮説検証（断片化されたデータ、エクセルやパワーポイントを使った単発の分析、遅い分析サイクル）

	↓ **これからのあり方**　データに基づく仮説発見（社内外の膨大なデータをもとに、機械学習のアルゴリズムを実行し、ビジュアル分析ツールを用いて、インテリジェントで信頼性が高く実用的な洞察をリアルタイムで提供）
アプローチ	▶自社の顧客体験向上のため、データ駆動型インサイトのアプローチを設定するにあたり、データが何に、どのように使われているかを理解する ▶データ駆動型インサイトのアプローチで、ビジネス機会を発見するため、体系的なイノベーションのプロセス（得られた洞察を組み合わせ、潜在的な機会を見出し、最も有望なものを特定し、製品・サービスなど開発の基礎となる分析を行う）を導入する ▶AI／ML のアルゴリズムやダッシュボードツールにより、データに隠された価値を解き明かし、カスタマージャーニーの向上に貢献する ▶データの収集・改良・補強・提示の自動化や可視化から、顧客体験向上やビジネス成長のためのアクションに至るまで、データ駆動型インサイトのアプローチを構造化する ✓データ駆動型インサイトのアプローチを、組織のビジネス・文化・プロセスに組み込むことで、環境変化に適用可能な組織能力を強化し、成長目標を達成する ✓インセンティブの付与、資金調達、価値の追跡などについても効果的に組み込むことで、イノベーション・事業目標の達成を促進する
アウトカム （成果・効果）	▶データにもとづいた既存事業に関するインサイト（洞察） ▶自社データと外部の社会経済データを活用した、将来のビジネス機会に関する予測的な分析 ▶環境変化に適応可能な組織全体のインテリジェントなプロセス（デジタルテクノロジーの応用で、人間による情報処理や状況判断を代替・自動化）

4　技術（Technology）

イノベーションを促進するための、将来のテクノロジー環境を、セキュアで柔軟性のあるITアーキテクチャーで整備します。そうすることで事業継続上のレジリエンス（復旧力）が確保され、ビジネススピードに適応可能なITシステムが、企業の持続的成長を支えます。

4-1　システムフレームワーク：「顧客中心主義」の論理モデル

サマリー	▶変化するビジネスニーズや顧客ニーズへ対応するため、システムをマイクロサービスにモジュール化（システム構成要素を互換性のあるモジュールに分割し開発効率や保守性を向上）する ▶優先すべき機能をシステムで実現できるよう、マイクロサービスでモジュール化したシステムを連携するデジタルエコシステム（外部を含む機能・サービスの連携）を整備する ▶「顧客中心主義」の組織へ変化するため、ビジネス領域に沿ったマイクロサービスを編成し、カスタマージャーニー（顧客が商品を購入し、利用するまで、場合によっては最終的に廃棄するまでの時系列のシナリオ）と整合したモデルを整備する

	▶レガシーシステムは、未来の論理モデルに照らして、段階的なモジュール化で進化させる **これまでのあり方**　企業の基幹システムとして業務全体を網羅するモノリシック・システム（一枚岩のように全体が緊密に一体化して機能を発揮するようなシステム構成）では新機能の迅速な提供など、優先すべきビジネス目標の達成が困難 ↓ **これからのあり方**　マイクロサービスとモジュール型構造のエコシステムにより、優先すべきビジネス機能や特定のビジネス目標を達成
アプローチ	▶既存のアプリケーションのビジネス機能を、ビジネスの優先順位に基づいて、現状確認する ▶目標とする状態を定義し、システムで将来提供される機能に対する、現状のギャップを把握する
アウトカム （成果・効果）	▶ビジネスとテクノロジー間の優先順位や、価値創造の原動力・能力に関する見直しと調整 ▶新機能の開発と段階的レガシー移行のためのシステムフレームワーク（構想・枠組み）

4-2　ITアーキテクチャー：市場投入スピード・機敏性・復旧力の最適化

サマリー	**▶システム間の依存関係を減らし、効率とスピードを追求する** **▶市場投入スピード・アジリティ（機敏性）・レジリエンス（復旧力）を最適化する適応型アーキテクチャーを導入する** ✓テクノロジーのエコシステムが、マイクロサービスの集合体のようになると、これらを結びつけるコードやロジックは、市場変化に適応するためのスピード・アジリティ・レジリエンスの原動力として、差別化要素となる ✓差別化戦略に基づく適応型アーキテクチャーは、マイクロサービスやアプリケーションの機能間の相互連携と、オーケストレーション（統合的な機能編成）を担うエコシステムで構成され、次のような構成要素を含む ◇アブストラクション（抽象化） サードパーティのソフトウェア・サービス・プラットフォームコンポーネントへの依存から脱却し、ベンダーロックインを回避 ◇デジタル・デカップリング（分離） バックエンドの基幹システムを、効果的に再利用・活用しながらフロント側をデジタル化 ◇プリスクリプション（指示） 非機能的要件（コンプライアンスルール、セキュリティなど）の実装 ◇プラットフォーム ハイブリッドクラウドや、社内サービス、SaaSなどの機能を展開・活用した環境 **これまでのあり方**　ビジネスニーズの変化に対応できないシステム ↓ **これからのあり方**　市場投入スピード・アジリティ・レジリエンスを最適化する適応型アーキテクチャー

アプローチ	▶既存のエンタープライズアーキテクチャー（企業全体のITシステムを含む事業構造の設計）を評価し、目標とする状態を定義する ▶デジタルを中心に据えた新たなエンタープライズアーキテクチャーの主要な要件について、概念実証（PoC：Proof of Concept）を行う ▶既存のアプリケーションポートフォリオをモジュール化する。各アプリケーションのユースケース（一連のアクション）やバックログ（予定業務）に基づいて、目標とする状態に移行するためのロードマップを作成する
アウトカム （成果・効果）	▶ DXによる価値実現の加速 ▶将来にむけた基盤の構築、システムの耐障害性の向上 ▶市場投入スピード・アジリティ・レジリエンスの向上

4-3　リアルタイムデータ基盤：エコシステム全体のスケールアップ

サマリー	**▶インサイト（洞察）を導くため、アプリケーションからのデータを、エコシステム全体でリアルタイムに連携する** **▶リアルタイムのデータ基盤がもたらす処理能力向上と、整合性と一貫性のある企業データへのアクセスを実現する** ✓データを活用したビジネス上の意思決定をリアルタイムに行うためには、社内外のさまざまなソース（各種のビジネス事象に関するリアルタイムデータ、アプリケーションデータ、外部データソース、SNSデータ、非構造化データ、AI等によるデータ分析結果、レガシーシステムのデータなど）からの増大するデータセットを取り込み、構造化し、分析し、処理することが可能な堅牢なデータバックボーンが必要 **これまでのあり方**　同じ組織でも名称・定義が異なる「ロックされた（しまい込まれた）」データ、更新の遅延 ↓ **これからのあり方**　リアルタイムデータ基盤による、企業データの処理能力向上と一貫性のあるデータへのアクセスの実現
アプローチ	▶組織全体のデータに関するビジネス目的やビジョン、バリュードライバー（価値の源泉）について文書化する ▶主要なビジネスプロセスをサポートするため、必要なデータソースを決定する ▶ビジネス目的やデータソースに基づいて、適切なデータプラットフォームを選択する
アウトカム （成果・効果）	▶データインサイトの活用によるビジネス価値の向上 ▶アナリティクスによるテストの増加と加速 ▶企業全体を通したリアルタイムデータの共有による迅速な意思決定 ▶データ駆動型企業への変革

4-4　クラウド：イノベーションを促進するクラウドネイティブ機能の活用

サマリー	**▶弾力性と拡張性のあるクラウドインフラの構築で、持続可能性とイノベーションを促進する**

	✓クラウド環境やクラウドサービスの使用を前提に、弾力性・効率性の高いクラウドの利点を徹底的に活用することで、迅速なイノベーションを促す **これまでのあり方**　コストがかかり、DXに適していないレガシーインフラ ↓ **これからのあり方**　弾力性と拡張性のあるクラウドインフラで、持続可能性とイノベーションを促進
アプローチ	▶クラウドの利用価値に基づいてビジネスケース（事業計画／収支計画）を作成する ▶クラウドへのアプリケーション移行を加速度的に実行する ▶クラウドの管理と最適化に関するベスト・プラクティスに基づいて、クラウドインフラを構築する
アウトカム （成果・効果）	▶システムの弾力性と柔軟性の向上 ▶インフラコストの削減 ▶自動化によるイノベーションの加速

4-5　セキュリティ：企業全体の枠組み・ゼロトラスト・自動化機能

サマリー	**▶新たな脅威から組織を保護するため、自動化を組込み、レジリエントな（復旧力のある）エンタープライズセキュリティフレームワーク（企業全体のセキュリティの枠組み）を整備する** ✓DX推進を優先するあまり、適切なセキュリティ対策を見落としていないか確認する必要がある ✓ゼロトラスト環境の整備で、顧客・社員・システムを保護する **これまでのあり方**　リアクティブ（受け身的）なセキュリティ管理により、インシデントや問題に対して事後対応の傾向 ↓ **これからのあり方**　新たな脅威から組織を保護するセキュリティフレームワークの整備
アプローチ	▶現在のセキュリティアーキテクチャーについてギャップ分析を行い、改善アクションを計画する ▶ゼロトラストを採用し、自社の状況に適合した（各社員のアクセス時のタイミング・スケジュール・位置情報など、過去の行動履歴の分析を通して）セキュリティポリシーを策定する ▶脅威インテリジェンス、インシデントレスポンス、脆弱性管理などに関する分析プロセスを構築し、自動化機能と連携・統合する
アウトカム （成果・効果）	▶セキュリティ侵害からの保護を強化 ▶セキュリティの監視とサポートの強化 ▶セキュリティインシデントへの対応時間の短縮

5　人材（Talent）

組織が、新しいテクノロジーを活用しイノベーションを起こせるようにするには、人材の活性化も不可欠な要件の一つです。チームの生産性と成功のため、新しい役割と最新のスキルの習得が必要となります。

5-1 人材：Human＋Machine（人間＋マシン）によるイノベーション

サマリー	▶**人間＋マシンの考え方で、デジタルテクノロジーの活用により変化する仕事のイメージを整理する** ✓インテリジェントな自動化で労働力が補完され、人間にしかできないスキルをもとに人々が自分の役割を高め、新たな方法で価値を生み出す ✓人間の知性とマシンの組み合わせによりイノベーションを見出す ✓人間＋マシンの効率性を適用し、従来の仕事の進め方を再構築する **これまでのあり方**　人間の労働力がインテリジェントな自動化に置き換えられることへの恐れ ↓ **これからのあり方**　自動化によって人間の能力が強化され、人間＋マシンによる効率性向上と機会創出が実現
アプローチ	▶デジタルテクノロジーによる高度なオートメーション（Human+Machineによるイノベーション）が、企業のプロセスにどのような影響を与えるのかを理解する ▶「AIによる自動化」と「人間の労働力」とを統合し、価値主導型の仕事の機会を、多様な人間の能力と共に生み出す ▶新しい役割・キャリアパス・学習・文化に関する変化を導入することで「ケンタウロス」*を育成する ＊【ケンタウロス】 ギリシャ神話の半人半馬の種族ケンタウロスに由来。問題を記憶・分析・検出するマシンの能力と、それらの結果を評価・実行する人間の直感・感性との最良の組み合わせを表す
アウトカム （成果・効果）	▶自動化によるコスト削減 ▶新技術の採用率向上 ▶付加価値のある新たな役割の創出 ▶労力および非効率なコストの削減

5-2　スキル：リスキルや新たなキャリアモデルの提供

サマリー	▶**リスキル（Re-skill：新しい能力や技術の習得）や学習による新たなキャリアモデルを提供することで、人材を活性化する** ✓DXはスキルの見直し無しには実現困難であり、組織はリスキルと学習の機会を提供することで、新たな期待・役割・キャリア機会について明確な方向性を示し、従業員の自信を引き出す必要がある ✓新しいテクノロジーを活用し仕事をするために、常に学習する文化を醸成する ✓従業員はリスキルと学習により、新しいキャリアパスを歩み始めること

	が可能となる **これまでのあり方**　デジタルテクノロジーに対応するためのスキル・機会・自信を持たない従業員 ↓ **これからのあり方**　新たなキャリアパスに基づいた継続的な学習文化と、テクノロジーを駆使する従業員
アプローチ	▶組織の将来のオペレーティング・モデルを実現するために、新たに必要となるスキル・能力に基づき、新しい役割を定義することで従業員の将来のキャリアパスを確立する ▶将来のスキル定義に基づいて、現在の人材の状況とスキルギャップを把握し、必要となる人材の開発・雇用や、ベンダーからの調達を計画する ▶組織は、新しい役割を担う人材が、学習し、スキルアップを達成し、新しいキャリアを実践し、パフォーマンスを発揮することを促すための時間とサポートを提供する
アウトカム （成果・効果）	▶人材定着率の向上 ▶候補者数・採用者数の増加 ▶役割の明確化とリスキルによる自信向上 ▶人材のパフォーマンス向上

5-3　ソーシング：社内外の人材を対象とした迅速な人材配備

サマリー	**▶新たな人材要件に迅速に動員できるよう、社外から人材をソーシングする方法を検討する** ✓ビジネスの需要や優先順位が急激に変化する中、企業は、急ぎ必要とする人材を配備するため、適応力と回復力を重視して、社内外の人材を対象に境界のない人材ソーシングを必要としている ✓柔軟な人材配置が可能なソーシング戦略の内容は、さまざまな調達方法の活用を考慮するため流動的であるが、弾力性のある労働力の配備に貢献する 〈適応性・弾力性のある人材配備のポイント〉 1.　仕事の変化への備え 今後の仕事の変化に備えて、人材配置の戦略や計画、将来のオペレーションモデルや必要なスキルを明らかにする 2.　人材データベースと識別 必要な人材を早期に見つけ調達できるよう、採用・外部ベンダー・短期労働力（ギグ・ワークフォース）を活用するにあたり、人材のトラッキングやスキル評価の仕組みを整備する 3.　人材の流動化と配備 ニーズに応じた人材の再配置を日常的に実施できるよう、役割やキャリアパスに関する情報を全社を通して可視化した上で、再配置するためのコラボレーションや、人材再配置プロセス、ノウハウやスキル移転の仕組みを整備する 4.　学習の強化 新しいスキルを身につけられるよう、学習戦略やモデル化、学習機会の提供、コンテスト等のイベント、コミュニティの立ち上げを実施する 5.　ニューノーマルの受容

	価値観の変化や、マインドセットの変化、自身を取り巻く仕事環境の変化を受け入れ適応していけるよう、企業文化の醸成やコミュニケーション、それをリードするリーダーの育成、コーチングなどを実施する **これまでのあり方**　柔軟性に欠けるソーシング戦略・人材戦略により、変化するビジネス需要に迅速に対応するための人材を確保・配置できない ↓ **これからのあり方**　社内外の人材を対象とすることで、新たな優先事項に対して迅速に動員可能な適応力と弾力性のある人材配備を行う
アプローチ	▶人材の需要変化を予測して、役割・スキル・キャリア・組織の配置を迅速に適応させる ▶個人やチームのスキルを追跡し、人員配置や雇用の境界を取り除き、需要に応じて容易に仕事を開始／停止できるようにすることで、人材をシームレスに動員・配置する ▶カルチャーチェンジ、リーダーシップ開発、エクスペリエンスデザイン、戦略的コミュニケーションなどを通じて、社内人材配備に適応性と弾力性をもたらす
アウトカム （成果・効果）	▶組織のアジリティ（機敏性）の向上 ▶従業員体験の向上 ▶弾力性と適応性のある人材配備

5-4　文化：成長思考・アジリティ・顧客中心主義の文化によるイノベーション加速

サマリー	**▶働き方を改革し、個人の成長意識や、組織のアジリティ（機敏性）、「顧客中心主義」を根付かせて、持続可能なイノベーション文化の醸成を加速させる** ✓かつてないほど新たな企業価値創造が重要となっており、従来の考え方や行動に対して、一人ひとりが意識を変える必要がある ✓企業のイノベーションを加速し、成長とビジネスのアジリティを促進するDXという大規模なイノベーションを実現するには、新しい仕事のやり方を取り入れ、企業文化に根付かせなければならない ✓DXを通して、テクノロジーを最大限に活用したイノベーション文化へと加速するため、個人の主体的な成長思考や、組織のアジリティ、「顧客中心主義」を根付かせる **これまでのあり方**　固定観念、硬直したプロセス、組織のサイロ化がイノベーションを制限 ↓ **これからのあり方**　成長思考、組織のアジリティ、「顧客中心主義」がイノベーションを加速
アプローチ	▶リーダーの活性化：リスクベースのマインドセットなど、新しい考え方を明確に定義して伝えることや、変革のケース（事例）を共有すること、革新的な行動を表彰し模範とすることなどにより、イノベーション文化の浸透に努める ▶行動と考え方の転換：革新的な仕事のやり方を奨励し強化するために、一

	人ひとりのマインドセットを変化させるような体験型の研修などを、組織を通して大規模に行う ▶組織管理の見直し：組織のイノベーション文化への変革をサポート・維持するためのプロセス・ツール・測定基準を見直す
アウトカム （成果・効果）	▶顧客生涯価値（LTV：Life Time Value：顧客から契約期間中にもたらされる利益の平均値を表す指標）の向上 ▶イノベーションの向上 ▶ビジネスと IT の連携強化 ▶タイム・トゥー・バリュー（TtV：Time to Value：顧客が商品やサービスを利用してから、価値を実感するまでにかかる時間）の短縮

付録B：DXの役割・責任

DXの戦略実行と目標を達成するためのDXリスクマネジメントには、取締役会や経営陣幹部が、重要な役割・責任を担う必要があります。

- 組織の状況や業務・規模に応じて名称などが一致しない場合もあります。あくまでも参考情報として、全社的なＤＸ推進における主要な役割・責任の一例を下記に示します。

役職・会議体			役割・責任
取締役会	Board of Directors		－DX の動向を把握し、DX が業界やビジネスモデルに与える影響に関する経営陣の見解を理解する －組織の DX 戦略の策定や実行について評価・監督する －経営陣が、戦略上、DX のリスク（機会と脅威）にどのように対応しているのかを理解する －DX の取り組みが組織のリスク選好（リスクアペタイト）に沿ったものであるかなど、DX リスクについて監視する －DX リスクマネジメントのプロセスに参加する
最高経営責任者	CEO	Chief Executive Officer	－DX が組織の業務に与える影響を理解する －組織の DX 戦略を定義する －DX リスクマネジメントのプロセスに参加する
最高財務責任者	CFO	Chief Financial Officer	－財務報告において DX 推進に関する開示情報を提供する －DX の投資対効果（財務・非財務）を評価・監視する －クラウドの税務・会計上のメリットを評価する －クラウドサービスを含む DX に関する調達方針と管理策を導入し、財務状況をモニタリングする －ESG パフォーマンスの測定など、新たな測定基準を導入する －データを有効活用し、全社規模でのデータ駆動型の経営管理モデルの開発を支援する －DX リスクマネジメントのプロセスに参加する
最高デジタル責任者／最高 DX 責任者	CDO ／ CDXO	Chief Digital Officer ／ Chief DX Officer	－組織の DX 戦略の定義を理解し、実行するための DX 戦略を策定する －部門の枠を超えた変更エージェントとしての役割を果たし、CEO、CxO と緊密に連携し、組織のパフォーマンスを向上させる全社的な DX を推進する －全社の各チームと協力してイノベーションを推進することで、製品／サービス・プロセス・カスタマーエクスペリエンス・マーケティングチャネル・ビジネスモデルな

役職・会議体			役割・責任
			どを通じた革新的なデジタルソリューションを創出する（CDO はデジタルイノベーションの各種プロジェクトのオーナーとして、それらを一元的に監視する必要があるが、個々のプロジェクトの展開は、他の幹部やチームに委ねられる場合がある） －DX の成果について、その投資対効果（財務・非財務）を継続的に監視・報告する －デジタルイノベーションのエコシステムを社内外で構築・管理・拡大することで、デジタルテクノロジーのビジネスへの適用を促進する －デジタル人材を育成するため、人事部門と緊密に連携して、社内外の人材を獲得・維持し、組織のデジタル能力・機能を構築・強化する －事実を捉え、インサイトに基づき意思決定する、データ駆動型経営への移行を推進する －DX リスクマネジメントのプロセスに参加する
最高情報責任者／最高技術責任者	CIO ／ CTO	Chief Information Officer ／ Chief Technology Officer	－組織の DX 戦略を理解し、DX の目標達成をサポートするための技術戦略を策定・実装する －現行の IT インフラ・オペレーション・組織との円滑な統合を図り、目標とするシステムフレームワーク・アーキテクチャー・データ・クラウド・セキュリティを定義・構築する －組織を通して DX に関わるインシデント管理態勢を導入・構築*する －クラウドサービスを含む DX に関する調達先との間におけるインシデント管理態勢を導入・構築する －DX リスクマネジメントのプロセスに参加する ＊【管理態勢の導入・構築】 規程・組織体制の整備にとどまらず、PDCA サイクルの観点から運用上の弱点・問題点について、評価・改善活動を適切に行うことを指す
最高情報セキュリティ責任者	CISO	Chief Information Security Officer	－組織の DX 戦略を理解し、情報・技術資産を保護するためのセキュリティ戦略を策定し、対策実施を監督する －サイバー攻撃や社内の各種リソースの悪用が行われていないか監視する －クラウドサービスを含む DX に関する調達先の環境に対して、適切なセキュリティコントロールが確立されていることを確実にし、サイバー攻撃や内部リソースの悪用が行われていないか監視する －侵入テストなどのサイバーセキュリティ評価を実施する －DX リスクマネジメントのプロセスに参加する
最高人事責任者	CHRO	Chief Human Resource Officer	－組織の DX 戦略を理解し、DX の目標達成をサポートするための人材戦略を策定・実行する －DX の人材ニーズを満たすため、戦略的な採用・維持計画を作成・実施する －市場競争力があり費用対効果の高い報酬・福利厚生プランを設計・導入する －DX リスクマネジメントのプロセスに参加する

役職・会議体			役割・責任
最高リスク責任者	CRO	Chief Risk Officer	－組織全体のDXリスクマネジメントの取り組みを管理する －組織の内外を取り巻く環境変化をモニタリングする －クラウドサービスを含むDXに関する調達先との間で生じるリスクに対して関係者と調整し、対策実施を監督する －企業文化の変化をモニタリング・評価する
最高法務責任者	CLO	Chief Legal Officer	－組織のDX推進における法令遵守を確実にする －組織のDXに影響を及ぼす可能性のある新しい法律や規制を監視する －データ分類のポリシー及びプロセスに関する情報を提供する －クラウドサービスを含むDXに関する調達方針と管理策をレビュー・承認する －DXリスクマネジメントのプロセスに参加する
最高法令順守責任者	CCO	Chief Compliance Officer	－DX推進においてコンプライアンス要件追加の可能性がある組織内の変化を監視する －組織のDXに影響を与える新たな規制に対するコンプライアンス計画を策定する －コンプライアンス要件に照らして組織のDX活動を監視する －SOCレポート、PCI DSS、規制遵守状況などの報告書レビューを通じて、クラウド事業者をモニタリングする －DXリスクマネジメントのプロセスに参加する
最高監査責任者	CAE	Chief Audit Executive	－組織のDX推進に関するガバナンスやDXリスクマネジメントの妥当性と有効性について、リスクベースの監査を実施する －クラウドサービスを含むDXに関する調達先の統制環境の設計と有効性について、リスクベースの監査を実施する －クラウド上に存在するデータについて定期的なコンプライアンス監査を実施し、データ分類方針への準拠を検証する －DXリスクマネジメントのプロセスに参加する
プライバシー管理責任者	Privacy Officer		－組織を通してDXに関わるプライバシー管理態勢を導入・構築する －データ分類方針に照らして、クラウド上のデータを検討・見直しする －クラウドサービスを含むDXに関する調達先のプライバシー要件への準拠状況について、モニタリングする －DXリスクマネジメントのプロセスに参加する
運営委員会	Steering Committee		－DXに関するガバナンスやDXリスクマネジメントについて、組織をモニタリングする －DXリスクマネジメントのプロセスに参加する

出所：COSO ERM for Cloud Computingを参考にアクセンチュア作成

著者紹介

大茂幸子（おおしげ・さちこ）

アクセンチュア　テクノロジー コンサルティング本部　マネジング・ディレクター

事業戦略策定からITシステム構築にわたるコンサルティング経験をベースに、金融、通信・メディア、ハイテクを含む国内外のグローバル企業のデジタル戦略、デジタル業務改善、DXリスクマネジメント管理態勢の構築、DXにおけるサイバーセキュリティコンサルティングの実績多数。アクセンチュアテクノロジーコンサルティング本部、ストラテジー&リスク・セキュリティ日本統括 兼 セキュリティイノベーション日本統括。IT Governance Institute（ITGI）発行の「取締役会のためのITガバナンスの手引」「IT投資の企業価値ガバナンス：Val IT フレームワーク」「情報セキュリティガバナンス：取締役会と役員に対するガイダンス」の共同翻訳に携わる。

アクセンチュアについて

アクセンチュアは、デジタル、クラウドおよびセキュリティ領域において卓越した能力で世界をリードするプロフェッショナル サービス企業です。40を超える業界の比類のなき知見、経験と専門スキルを組み合わせ、ストラテジー&コンサルティング、テクノロジー、オペレーションズサービス、アクセンチュア ソングを、世界最大の先端テクノロジーセンターとインテリジェントオペレーションセンターのネットワークを活用して提供しています。アクセンチュアは72万1,000人の社員が、世界120カ国以上のお客様に対してサービスを提供しています。アクセンチュアは、変化がもたらす力を受け入れ、お客様、社員、株主、パートナー企業や社会へのさらなる価値を創出します。

アクセンチュアの詳細はwww.accenture.com/us-enを、アクセンチュア株式会社の詳細はwww.accenture.com/jpをご覧ください。

DXリスクマネジメント

DX成功のマインドと戦略的アプローチ

2022年12月8日発行

著　者——大茂幸子
発行者——駒橋憲一
発行所——東洋経済新報社
〒103-8345　東京都中央区日本橋本石町1-2-1
電話＝東洋経済コールセンター　03(6386)1040
https://toyokeizai.net/

カバーデザイン……竹内雄二
ＤＴＰ…………アイランドコレクション
印　刷…………ベクトル印刷
製　本…………ナショナル製本
編集担当………藤安美奈子

Printed in Japan　ISBN 978-4-492-39669-8